ELOGE

DE M. LE DOCTEUR

Claude-Joseph Moizin,

COMMANDEUR DE L'ORDRE DE LA LÉGION-D'HONNEUR,

MÉDECIN-INSPECTEUR EN RETRAITE, EX-MEMBRE DU CONSEIL
DE SANTÉ DES ARMÉES, MEMBRE DE PLUSIEURS
ACADÉMIES ET SOCIÉTÉS SAVANTES,

Par F.-M. CHABERT,

Auteur de plusieurs opuscules littéraires et historiques.

PRIX : DEUX FR.

Le produit de cet éloge dû à la Société des Sciences médicales de la Moselle, sera versé entre
ses mains, pour être appliqué à quelque bonne œuvre que la Société désignera elle même.

METZ,

Chez PALLEZ et ROUSSEAU, Imprimeurs-Libraires,
rue des Clercs, 15.

1850.

ELOGE

DE M. LE DOCTEUR

Claude-Joseph Moizin,

COMMANDEUR DE L'ORDRE DE LA LÉGION-D'HONNEUR,

MÉDECIN-INSPECTEUR EN RETRAITE, EX-MEMBRE DU CONSEIL
DE SANTÉ DES ARMÉES, MEMBRE DE PLUSIEURS
ACADÉMIES ET SOCIÉTÉS SAVANTES,

Par F.-M. CHABERT,

Auteur de plusieurs opuscules littéraires et historiques.

PRIX : DEUX FR.

Le produit de cet éloge, dédié à la Société des Sciences médicales de la Moselle, sera versé entre
ses mains, pour être employé à quelque bonne œuvre que la Société désignera elle-même.

METZ,

Chez PALLEZ et ROUSSEAU, Imprimeurs-Libraires.
rue des Clercs, 15.

1850.

Honorer la Médecine et user de la Médecine,

(Titre premier du Chap. xxxviii de
l'Ecclésiastique).

A Messieurs

Messieurs les Membres

de la Société des Sciences médicales du département
de la Moselle.

Hommage de respect et de dévouement

F.-M. Chabert,

de Longeville-lès-Metz (Moselle).

Cette Notice, hommage d'une humble gratitude, devait être
imprimée dès la fin de l'année 1849; mais des circonstances in-
dépendantes de la volonté de l'Auteur, et particulièrement de
longs travaux d'une autre nature, l'ont forcé bien malgré lui, en
vérité, à retarder sa publication jusqu'au présent jour.

Metz, ce 25 Juin 1850.

ELOGE

DE M. LE DOCTEUR

Claude-Joseph Moizin,

COMMANDEUR DE L'ORDRE DE LA LÉGION-D'HONNEUR,

MÉDECIN-INSPECTEUR EN RETRAITE, EX-MEMBRE DU CONSEIL DE SANTÉ
DES ARMÉES, MEMBRE DE PLUSIEURS ACADÉMIES
ET SOCIÉTÉS SAVANTES.

L'homme de bien est pour les autres
hommes un modèle de vertu.

(PENSÉES PHILOSOPHIQUES DE L'AUTEUR.)

La bonne réputation vaut mieux que les
grandes richesses ; l'amitié est plus estimable que l'or et l'argent.

(LES PROVERBES DE SALOMON. Chap. XXII. § 1.)

Il semble que ce soit une destinée de la vertu sur cette terre, de demeurer le plus ordinairement cachée aux yeux. Humble et simple de sa nature, elle paraît craindre l'éclat du grand jour. Ses bienfaits révèlent seuls son existence. De beaucoup supérieure au talent, la vertu aime cependant à s'allier au génie. Certes, la puissance de l'esprit est forte ; son diadème brille au loin et mérite d'être respecté. Mais qu'est-ce que le talent sans la vertu? Le grand homme a-t-il jamais raisonnablement effacé l'homme de bien? Les dispositions naturelles d'ailleurs sans une généreuse direction, sont bien vite usées et deviennent sans intérêt, tandis que la vertu reçoit toute sa grandeur d'elle-même. Aussi, disons-le avec bonheur, son auréole se trouve à l'abri de toute atteinte perverse. La vertu seule renferme tout ce qu'il est possible d'offrir de touchant pour l'âme sensible, de glorieux pour la vraie religion, et d'instructif pour qui veut sagement apprendre. Compagne de la *Religion*, elle est, comme cette solide colonne de nous-mêmes, toute dévouée à son Dieu dont elle tire son essence, et aux hommes chez lesquels elle se plaît à résider. Et en effet, quiconque des *humains* s'est jamais jeté avec confiance dans le sein de la vertu, n'y a point trouvé un refuge contre les passions qu'il avait à combattre, une consolation aux peines qui l'accablaient et aux larmes qui sillonnaient ses joues déjà amaigries par l'haleine *oppressée* de la douleur?

Bienheureux donc sont ces génies, véritables élus de la Providence, dont le front honnête et franc a été jugé digne d'être ceint de la timide; mais incomparable couronne de la vertu! Aussi chaque fois que, parmi les illustrations de notre France, il nous est donné de rencontrer un homme également remarquable par la puissance de son esprit et par la bonté de son cœur, doit-il être de toute justice de proposer cette créature privilégiée, marquée d'un coin tout spécial par son Dieu, comme un modèle à suivre, et d'exposer aux regards de tous les gens de bien, de religion et de mœurs, ce que le génie ayant pour apanage la vertu, a de doux et d'aimable, de délicat et de généreux, de grand et de sublime!

Mais comment trouver la force d'accomplir cette obligation sacrée et de prendre la parole, si nous-mêmes nous avons eu lieu d'être *singulièrement* affligés de la perte d'un de ces talents d'autant plus élevés qu'ils sont redevables de leur renommée moins à la nature qu'à leur application, d'une de ces âmes compatissantes mues par la charité jusqu'à leur sortie de cette région épaisse de ténèbres ? Comment pouvoir nous représenter désormais inanimé, un de ces cœurs dont la pulsation dernière fut encore, à l'heure suprême, un hommage à l'Église et à la Science..? Et cependant, pourquoi nous laisser abattre par un chagrin cuisant et demeurer en proie à des regrets éternels qui ne font que rendre plus présent à notre mémoire le souvenir de cette rupture déchirante qui nous sépara pour jamais dans ce monde, où notre vie entière n'est qu'un pèlerinage constant et sans cesse agité d'épreuves toujours croissantes, de ce qui, pour nous, faisait un des principaux charmes de *nous-mêmes* et était *un objet perpétuel d'admiration ?* Pourquoi, dis-je, oublier jusqu'à nos devoirs envers la société et ne point faire trêve à nos douleurs pour recueillir le riche grain que *Celui* qui gouverne et régit l'univers, a voulu que l'homme de bien, avant de nous être enlevé, laissât sur notre sol, afin que le germe rendît au centuple et propageât encore au-delà de son existence périssable, l'utile semence de la vertu ? Est-ce parce que nous-mêmes nous sommes attristés d'une douleur que le temps seul a possibilité d'adoucir quelque peu? Est-ce parce qu'il nous est refusé de pouvoir dorénavant jouir de la présence d'un guide dont les bontés étaient grandes pour nous; recevoir ses conseils à nous si profitables et que l'excellence de son cœur était toujours prête à nous accorder ; entendre sa bouche d'où découlaient des paroles dictées par la sagesse chrétienne et par l'expérience, cette chère maîtresse, si difficile à gagner, *murmurer doucement* pour nous de prudents avis ; contempler son visage serein, résidence habituelle d'une paix heureuse et miroir d'une conscience calme et irréprochable, et prendre plaisir à considérer ses mains qui ne se levaient que pour bénir et donner ou pour remplir leur pieux office, c'est-à-dire, étendre un baume salutaire sur les plaies du blessé ou bien porter elles-mêmes aux lèvres du malade, la boisson qui devait alléger sa souffrance aigüe ? Sont-ce là les raisons qui nous pousseraient à ne penser qu'à nous-mêmes et à faire la sourde oreille à des obligations non moins équitables et plus méritoires que celles qui nous étaient imposées à cet instant terrible où nous fûmes avertis que notre Bienfaiteur se mourait ? Assurément cette lugubre nouvelle nous surprit comme un coup de foudre, malgré la faible espérance dont nous avions cru pouvoir nous bercer, quand une heure et demie environ auparavant, *nous avions été admis* à des informations plus rassurantes que la veille ! A la réception du triste message, nous avions tout droit de ne songer qu'à notre chagrin, de nous livrer uniquement aux lamentations qui débordent d'une âme sensible sous le poids de la perte d'un être bien-aimé ! Sources de peines longues et pénibles à traverser que la **Religion** seule, dès les premières heures, a capacité d'arrêter, sinon de tarir..........

Mais bientôt la loi morale et la société réclamant, exigent de nous l'accomplissement des devoirs dont nous tous tant que nous sommes, riches et pauvres, grands et petits, leur devons compte. La philosophie chrétienne accourt à notre aide, nous soulage, sèche nos pleurs et écarte le voile de deuil dont nous a couvert l'enlèvement que nos cœurs déplorent, c'est-à-dire la séparation d'une de ces créatures qui ne manifestent en quittant la vie que le regret de n'avoir pas assez fait pour le bien de l'humanité. Sa voix nous ordonne de retracer les vertus de l'homme utile que le ciel a rappelé à lui, et veut rigoureusement que, nous les premiers à qui la reconnaissance dicte cette mission, nous joignions l'acte à la parole, ce qui est en vérité, la meilleure manière de témoigner notre vénération envers *l'être par excellence* que nous pleurons. C'est là aussi la plus belle et la juste partie de notre tâche. Si l'œuvre superbe de contribuer à l'achèvement de l'ouvrage que de vertueux citoyens ont commencée, est échue en partage à chacun des membres de la grande famille terrestre, notre devoir à nous qui avons eu, préférablement à tant d'autres, le privilége de posséder un guide dès nos premiers pas de l'adolescence, nous prescrit de satisfaire cette tâche commune plus particulièrement encore, quelle que soit notre profession, du moins dans la limite de nos ressources et des circonstances. Le sentier de la voie est tracé: nous n'avons qu'à marcher sur l'empreinte visible des nobles traces *de ces hommes fortunés* qui nous ont précédé dans la carrière, pour travailler nous-mêmes à notre tour, suivant la faculté de nos forces et de notre intelligence, à assurer aux générations qui viendront après nous fouler le même sol, la libre jouissance des bienfaits d'une prudente éducation qui en éclairant les esprits, épure les mœurs. Du haut des cieux, *les Justes* souriront d'une religieuse allégresse, de voir parmi ceux qu'ils ont quittés, des disciples s'avancer en nombre et progressivement dans la route dont ils ont les premiers frayé les abords avec tant de persévérance. Celui dont la perte est encore si récente, s'unira à la phalange céleste et applaudira aux efforts de ceux qui l'invoqueront dans leur douce besogne comme un protecteur et un ami, et jusque dans le tombeau qui recouvre sa froide poussière, il me semble que les restes eux-mêmes de cet homme de bien tressailliront de pouvoir encore être utile après sa mort. Sainte joie qui pénètre nos cœurs après les chants de deuil! Souvenir pieux à la fois déchirant et consolateur! Magnifique espoir!!... Car le noble exemple nous portant avec sécurité sur ses ailes, de même que le navire dont les reins solides et capables par l'habile direction que leur donne le pilote, de résister avec bonheur à la vague, se trouve être en pleine mer, au sein des écueils et des récifs, la sauve-garde de ceux qu'il renferme; nous pousse en dépit de l'Océan des vicissitudes de ce bas monde dont le gouffre toujours béant nous réclamait déjà comme une proie nouvellement acquise, au rivage gardien de notre honneur vers lequel aspire d'aborder tout cœur vertueux. Privilège inappréciable que l'homme de bien seul a la faveur illustre de laisser après lui! Sa conduite toute de prévoyance et de sagesse est un précieux guide au milieu des balottages de cette vie: elle nous exhorte à étudier ses actes et nous persuade d'imiter ce que nous admirons en elle. Son nom est notre étoile et sa gloire nous protège. L'homme d'un naturel vif et sensible, goûte aisément les plaisirs ; mais lorsqu'il est retenu par les lois morales, il n'ose au moins y livrer témérairement son âme, et finit heureusement par rester maître du champ de la lutte. Il foule à ses pieds les molles délices et les vaines pompes pour devenir meilleur, et la Providence le conduit comme par la main, à la vertu, à travers les mille périls de toutes sortes dont il eut pu être victime. Et certes, quelle profonde reconnaissance ne devons-nous pas vouer à la mémoire de tous ces modèles de vertus qui encouragent nos efforts, les secondent et nous attirent sans cesse par leurs actions vers le chemin qui mène directement à la vraie jouissance, celle de faire le bien. Nous, êtres débiles qui avons succédé aujourd'hui *aux cités de la veille,* que demain nous devons aller rejoindre, que serions-nous peut-être devenus sans le secours de ces *phares devanciers* pour nous éclairer? Nous eussions été sans doute le jouet du flot en colère et abandonnés probablement à sa merci. Admirons donc la sainte mission que remplit sur cette terre le héros de la Charité, cette vertu efficace dont la puissance est telle que la tombe même ne peut éteindre son flambeau. La flamme que jette sa lumière est encore plus vive au-delà du trépas qu'auparavant, et resplendit de plus en plus. Les détracteurs du juste et de l'honnête reconnaissent eux-mêmes le pouvoir de cette vérité. Tout en voulant s'élever contre cet axiôme par des raisonnements lamentables, ils le proclament manifestement.

O homme vertueux que nos bras ont placé dans le sépulcre glorieux, que votre carrière a été bien fournie!

quel nom chéri vous avez légué à la postérité! Tous les instants de votre vie non dépensés aux élucubrations exigeantes d'une étude sérieuse et toute de pratique, vous les avez consacrés aux douces impressions de la vertu. Votre dévouement à vos semblables, votre douce énergie toujours persévérante et étayée de l'enthousiasme religieux qui est assurément la plus puissante et la plus exaltée de toutes nos inspirations, cet inébranlable appui de tous les sentiments généreux qui vous ont entraîné jusqu'à vous sacrifier pour la propagation de bonnes œuvres publiques et isolées, ont fait de vous un géant de force et surtout de vertus, contre lequel les vents de l'orage ont été impuissants; Vous, simple mortel d'une frêle et chanceuse constitution de nature, et de plus, minée dès la tendre jeunesse par un travail assidu, que semblait devoir renverser le moindre choc. Votre confiance en Dieu et la certitude de laisser un nom chéri et révéré, n'importe à quelle heure de l'âge de raison vous eussiez été rappelé de la scène de cette terre, théâtre de bouleversements et de commotions continues, vous soutinrent miraculeusement et vous donnèrent des forces surhumaines. Cet amour du juste, cette pratique des actions bienfaisantes vous avaient réservé un rang parmi les noms vénérables qui peuplent déjà le nécrologe de ces hommes de zèle, dignes holocaustes, comme vous, tombées pour la plupart, avant leur déclin, martyrs de leur foi et de leur désintéressement...

O siècle présent, adore ces héros contemporains et ne cesse de les proposer pour l'exemple : Car ils constituent ton illustration ! Heureux contraste à côté des criminelles pages que tu as à offrir à tes frères de l'avenir. Fais-le, c'est ton devoir !!

Pour nous qui avons eu le bonheur de bien connaître l'excellent homme à la mémoire duquel sont tracées les simples lignes, expression de notre gratitude, contenues dans cette petite notice, et d'approcher familièrement de cet être vénérable qui, pénétré au plus haut degré de la sainteté de ses devoirs, s'efforça constamment de nous faire aimer et remplir les nôtres, pressons-nous de remercier la Providence divine de cette faveur signalée, et cherchons intimement par une marche ferme vers la perfection, à travailler sans relâche à ressembler à ce conseiller de notre cœur et à ce guide de nos pas dans les voies du salut. Soyons surtout simples et bons, afin d'être aimés; car qu'affectionnons nous nous-mêmes le plus dans les autres, si ce n'est la bonté. Mettons à l'écart le respect humain, ce fléau même des louables intentions de nos sociétés modernes ; étudions-nous à faire notre félicité, celle de nos parents, enfin celle de tous nos concitoyens, en disposant sans cesse dans les peines comme dans les joies de la vie, nos âmes à méditer le bien et surtout à le pratiquer. Soutenus par le souvenir du spectacle de la vertu vivante et personnifiée, placée de bonne heure sous nos yeux; fortifiés de plus en plus dans l'exercice du bon droit, par l'amour de Dieu ainsi que par l'amitié qu'on aura pour nous, ne négligeons rien pour que les utiles enseignements que nous avons reçus, pénétrent au plus profond de notre cœur et y portent leurs fruits. Persévérons surtout dans la voie de la lumière, toujours prêts à rejeter l'injure et le déshonnête ; et demeurons unique-

ment attachés à devenir plus humbles ; car l'humilité est
la source mère de toutes les vertus. Elle seule peut d'ailleurs nous sauver des périls que nous fait courir à tout
moment, notre lâche et orgueilleuse faiblesse. On comprend donc que cette pieuse sœur de la bienfaisance,
veille perpétuellement sur nous et nous instruise à régner
paisiblement sur nos passions ; ce qui est à la fois le
premier devoir des hommes et leur plus cher intérêt,
comme ne craignent pas de le proclamer ouvertement les
esprits prudents et religieux, par l'imposante autorité de
l'exemple.

Malheureusement, parfois dans le cours de la vie des
bienfaiteurs de l'humanité, de ces hommes amis nés du
pauvre, on a paru oublier volontairement leurs services ;
on a été même (il faut l'avouer, notre esprit est fait de
la sorte, preuve irrécusable de l'instabilité humaine !)
jusqu'à soupçonner les plus pures intentions et les no-
vations qu'enfantaient les qualités les plus lointaines du
vice, tantôt par envie, tantôt par insouciance ; soit parce
que ces êtres distingués vivaient sur le même terrain et
habitaient le même sillon, où si fréquemment il arrive
que les caractères les plus opposés et les plus contraires
sont confondus ; soit parce que les belles actions et les
traits sublimes de dévouement dus à ces modèles, étaient
renouvelés à de si courts intervalles qu'il semblait qu'on
y eut légitimement droit en toutes circonstances, et que ces
auteurs du bon exemple devaient se trouver suffisam-
ment satisfaits des éloges habituels que quelques personnes voulaient bien rendre à ce *genre de mérite*. Les
jugements forts de notre époque doivent s'attendre aussi

à recevoir de la part de certaines classes de la société de pareilles disgrâces, de semblables propos; mais il faut pour la grandeur de la tâche à laquelle ils ont été appelés à contribuer, qu'ils passent outre, sachant que la saine raison leur enjoint de se livrer à des œuvres utiles, en vue uniquement de faire le bien. Tôt ou tard, d'ailleurs, la reconnaissance rendra justice à leurs travaux et ornera de trophées, non plus eux, hélas! (cette circonstance n'est le plus souvent que trop réelle!) mais leur mémoire exempte de toute souillure. Le mérite seul de ces hommes d'élite, ne suffit-il pas d'ailleurs le plus souvent pour créer des gens improprement envieux?

Plus favorisé que le plus grand nombre de ces cœurs utiles et désintéressés, âme généreuse, jamais la mensongère calomnie n'osa étendre sa main livide et sacrilége sur le chaste caractère qui présidait à l'exécution de vos pieuses volontés; son venin noirâtre ne vous atteignit point. Votre nom fut toujours béni au fond intime des cœurs et cité partout avec éloge, sous le lambris du bon *riche* comme sous l'humble toit *du modeste artisan*. C'est pourquoi il nous plaît surtout de l'honorer! Combien vous deviez vous réjouir; quelle satisfaction n'éprouviez-vous point alors que la multitude de vos obligés, terrassant par sa vénération unanime, le silence ingrat de quelques misérables qui avaient oublié vos soins et les services que vous leur aviez rendus, dès qu'ils avaient senti pouvoir se passer de vous, vous saluait de l'ineffable nom de *père et de médecin des pauvres!*...... Titre beaucoup plus fameux que tous ces ornements de vaine gloire qui n'ont qu'une heure de pompe et qui, rapidement desséchés, ne sont plus en peu de minutes que chimères. Semblables aux bulles de verre, comme elles, ils se brisent au plus léger contact, ou bien soumis à la destinée de ces insectes qui, nés le matin avec l'aurore, s'endorment à la tombée du jour, pour ne plus se réveiller, et dont on est surpris de connaître la mort presqu'en même temps que la naissance; comme ces derniers aussi, ils n'ont que la durée du moment, et laissent de plus après eux, dans l'esprit, un vide qui ne peut être comblé. Toute cette pompe des grandeurs humaines n'est donc que vanité! Les hommages seuls adréssés à l'humble; mais austère mérite, sont dignes d'estime.

La modestie de notre bienfaiteur était telle qu'on le surprenait à rougir au simple récit de quelqu'une de ses sublimes œuvres ou du plus faible éloge qu'on faisait de l'une de ses heureuses qualités. Rien ne paraissait tant lui coûter à entendre que lorsque dans une réunion, ou en présence de quelque personne étrangère, une âme sensible, organe de l'expression publique ou interprète de ses sentiments personnels, lui exprimait sa gratitude. Mais bien qu'il rougît de cette marque légitime de déférence, il n'y eût certainement point renoncé pour toutes les dignités et toutes les décorations cumulées que son seul talent lui acquirent de jour en jour par la suite. Certes si, dans un de ces moments, on fût venu offrir à ce cœur bienfaisant, fortune et riches possessions à la place d'une des douces joies que lui donnaient l'opinion publique, on eût contemplé avec quel noble orgueil il eût refusé. Sa grande âme connaissait trop le prix de cet hommage inspiré aux *opprimés* et aux *pauvres* dont il allégeait le fardeau des souffrances morales et physiques; par la plus sincère et la plus affectueuse reconnaissance envers leur protecteur.

Aussi les chefs de l'État eux-mêmes qui purent remarquer de bonne heure ce zèle magnanime, eurent la prudence de le récompenser par des témoignages d'une satisfaction toute personnelle; ils surent discerner sagement que, pour le vrai mérite, il y a d'autres palmes d'encouragement que les grandeurs d'éclat. Au reste, l'homme qui a la conscience de la faiblesse humaine et qui n'ignore pas combien c'est chose aisée de rendre excessive notre vanité, lors même que nous y songeons le moins, est doué de ce don de résistance surnaturelle qui assure irrévocablement dans la voie tracée par les plus saints principes, et qui persuade sans cesse d'exprimer décemment une réponse négative, malgré les sollicitations les plus pressantes et notre amour-propre exagéré, pour tout honneur qui pourrait peut-être émousser son dévouement pour le bien ou encore lui fournir un prétexte quelconque qui le dispenserait à l'avenir de se rendre utile à la société comme dans sa *simplicité première*.

C'est pourquoi le cœur se brise! Vainement notre pensée cherche à replacer vivant en présence de ses amis, celui que nous regrettons. Nos forces, quoique réunies, nous trahissent encore pour redire ce noble passé, pour dépeindre l'une après l'autre *les pierres étincelantes de cette auréole d'estime et d'éloges* qui s'offre à nous. Je n'avance point... Et qui, en effet, de nos concitoyens ne s'est plu à reconnaître vos imposants services sur cette terre que vous avez abandonnée à jamais, ô Vous qui prodiguiez sans relâche en ces temps plus heureux, ce nous semble, pour nous du moins, vos veilles, vos soins et toute votre vigueur à soulager l'humanité en proie à l'affliction, et à lui apprendre à tolérer plus patiemment le poids de ses chagrins et de ses peines. Les principales familles de *Metz-la-Charitable*, homme révéré, *ont pouvoir*, elles aussi, de leur part, d'établir des preuves de votre désintéressement dont la célébrité a surpassé celle même déjà immense, de votre réputation scientifique. Assurément, vous possédiez à un haut degré ces dons du cœur et de l'intelligence, trop rarement unis, et qui, cependant, joints ensemble, sont si utiles à procurer aux hommes un règne de paix et de vérité!.. La lumière passagère du talent a pu peut-être pendant le cours de votre belle existence, obscurcir quelques heures le reflet moins frappant, en revanche aussi moins fragile, de la vertu... Aujourd'hui que votre âme a pris un essor vers une vie meilleure et s'est dirigée vers la céleste résidence, (c'est notre espoir!) on ne parle qu'avec amour et les larmes aux yeux, de vos précieuses qualités. Le noble et religieux respect que vous avez eu pour les vérités de la foi, l'éloignement que vous avez senti pour l'incrédule et l'impie, l'affection que vous avez témoignée sans peur aux sages et aux dépositaires de l'honneur de la religion, la dignité que vous avez mise à ne pas souffrir qu'on insultât et qu'on avilît devant vous la doctrine que vous professiez, par un langage indécent devenu de nos jours le *parler vulgaire* de l'incrédulité et de l'erreur, vices inhérents chez la plupart de ces esprits ignorants que la vanité, en rigide arbitre, a corrompus et traîne à son char, dans la triste voie de l'ignominie; la protection que vous avez accordée constamment au malheur, et la persuasion que vous aviez que vos bienfaits ne sauraient faire des ingrats du plus grand nombre de ceux que le devoir et la conscience vous attachaient de droit; votre saint zèle enfin, ce monument commun qui perpétue la piété et qui assure aux hommes honnêtes et purs la reconnaissance des âges à venir, ce penchant inné en vous, dis-je, pour le bien, qui a été la seule source de notre prospérité et qui fait plus d'honneur à votre mémoire que tous les éloges et toutes les inscriptions qui n'immortalisent le plus ordinairement que l'orgueil des familles et des amis, et que bientôt la censure ou le jugement plus équitable de la race future efface, ou tout au moins altère, lorsque l'adulation seule les a érigés; tels sont les titres seuls qui vous ont conquis l'estime de la postérité, et vous répondent le plus *de ses justes louanges et de ses actions de grâces.* Oui, les gens vertueux, fidèles à Dieu, implorent votre appui, car les grands exemples soutiennent et fortifient. On se propose votre conduite à suivre dans la pratique de vos différentes vertus.

L'homme de la campagne comme l'habitant de la ville vante l'excellence de votre âme. L'ouvrier et le fonctionnaire qui vous connurent, s'appliquent à cultiver en eux, les principes qui vous animèrent. L'un et l'autre se rappellent, et votre générosité et votre bienfaisance. Votre nom demeurera gravé dans leurs cœurs; et tel père de famille, surtout, qui a dû les éléments de son

bien-être et de sa position sociale à votre crédit, le raconte avec sensibilité à ses enfants. Ces preuves d'estime universelle sont *magnifiques et parlantes....* Néanmoins, le vide que vous avez laissé parmi vos obligés et
parmi nous à qui vous aimiez à conférer le nom d'amis,
se fera souvent sentir. Que de fois on nous surprendra à
vous regretter, homme estimable. A chacune des bonnes
actions *qu'il nous sera loisible d'accomplir*, nous adres-
serons à votre mémoire les prémices de notre satisfaction intérieure. Vous êtes notre modèle et neus faisons
ici profession de vous imiter, et par nos actes, et par
nos démarches, et par nos paroles à la fois. Vous res-
terez *fermement* notre porte-drapeau ; vous serez comme
l'oriflamme autour de laquelle les lois de la conscience
et de la moralité nous disent de nous rallier avec franchise. Vous nous apprendrez de quelle manière il faut
se comporter dans l'adversité et dans les honneurs. Puisse
aussi, par-dessus tout, le secours du ciel puissamment
nous assister dans cette vie grosse d'orages et de tempêtes,
sillonnée de plaisirs et de traverses, et ne jamais permettre que nous dévions du droit chemin !

Nul doute que nous ne pourrons pas atteindre la perfection de ces bienfaiteurs de l'humanité, nos modèles,
(loin de nous d'ailleurs une semblable prétention) ; mais
du moins nous espérons être les observateurs fidèles des
préceptes qu'ils nous ont tracés. C'est là toute notre envie
et où tendront nos efforts constants.

Homme non moins distingué par vos vertus que par vos
talents, si nous avons entrepris d'esquisser votre éloge,
pardonnez notre témérité ; mais nous apportons avec nous

les larmes de la reconnaissance, religieux souvenir que nous avons voué à votre mémoire, et les ressources de ce sentiment. Une voix plus éloquente est nécessaire pour retracer, autant que votre carrière si dignement remplie le mérite, la vivacité de votre zèle, la profondeur de vos connaissances, la pureté de vos intentions et surtout la générosité de votre amour charitable, sans cesse occupé des plus hauts intérêts de la société. (*)

En attendant, daignez recevoir le présent hommage que nous devons à votre mémoire : nous déposons avec respect cette couronne funèbre sur votre tombe.

Bienheureux sera donc l'esprit élevé qui, semblable à M. le Docteur MOIZIN, cet homme aux idées intelligentes, au cœur généreux, à la mémoire vénérée duquel nous avons adressé les lignes qui précèdent, et dont nous nous sommes proposé de retracer dans les pages qui suivront, les vertus aimables et bienfaisantes et les talents, passera aussi en faisant le bien : les bénédictions de ses concitoyens l'accompagneront pendant le cours de sa vie et le suivront après sa mort ; son âme, sans convulsions apparentes, à son départ de ce monde, sera certaine de rencontrer sur son passage les miséricordes du Seigneur.

Pour nous la plus humble et la plus misérable des créatures qui ne peut rien, prions, afin que notre unique désir soit exaucé, celui de ne jamais démentir le saint

---

(*) Nous croyons savoir que messieurs les docteurs Lacretelle et Cazalas s'occupent d'un travail sérieux sur la vie de leur illustre ami et maître. Ce beau et sincère tribut de gratitude au célèbre et philanthrope Médecin qui a rempli de sa science et de sa gloire, la fin du 18ᵉ siècle et presque la moitié du 19ᵉ siècle, sera du moins peint avec des couleurs dignes.

exemple que cette belle âme nous a donné, et de montrer par notre conduite quel a été le fruit des sages et pieuses leçons par lesquelles elle a si patiemment cherché à nous porter au bien.

Après ce court exposé des qualités réelles du cœur que posséda notre bienveillant ami, et de la manière dont il nous est prescrit d'honorer sa mémoire, nous prenons la liberté, ainsi que nous l'avons annoncé en tête de cette notice, de présenter une briève narration de cette vie intérieure si pleine de dévouement et de charité, laissant à d'autres voix non moins sensibles, mais plus estimables, le soin de redire la vaste renommée scientifique du héros Médecin.

Renfermant en chrétien, au fond de notre cœur, notre douleur amère, pour nous en nourrir à l'aise seulement dans le cercle de pieuses et discrètes personnes qui ne rougissent pas de nous porter affection et d'unir leur douleur à la nôtre, malgré nos imperfections et notre jeune âge, nous puiserons dans cette intimité indulgente, de nouveaux motifs de bien faire et de nous affermir d'autant mieux dans les justes voies qui conduisent au bonheur pur.

———

Comme Médecin-inspecteur et membre du Conseil de santé des armées, ayant rempli consciencieusement et avec succès la tâche laborieuse que l'État et le devoir lui imposèrent, M. Moizin a des droits au souvenir de la France entière ; comme Médecin en chef de l'hôpital militaire de Metz, comme l'un des premiers membres de la nouvelle Académie de cette ville et de la société des Sciences médicales de la Moselle, et aussi comme Médecin civil qui mit constamment ses services à la disposition de tous, pauvres ou riches, sans aucune marque distinctive, non par calcul, ni dans l'espoir de se faire une réputation ; mais par sentiment de compassion, M. le docteur Moizin a des titres particuliers à la reconnaissance de notre Cité.

M. Moizin (Claude-Joseph), naquit le 21 octobre 1782, à Bagé-le-Châtel, petite ville de l'arrondissement de Bourg, au N. O. du chef-lieu de ce nom, département de l'Ain. Son père Claude-Charles Moizin exerçait la profession de chirurgien et était spécialement attaché à la personne du marquis de Feuillens. Sa mère, Henriette Gacon, était une femme active et vigilante, toute dévouée à ses enfants (*) et de plus, adonnée au soulagement des malheureux.

L'austère et rigoureuse probité était alliée chez eux à la plus sévère économie, qualités précieuses qui assurèrent à leur famille une position indépendante et une aisance qu'ils purent conserver, malgré les revers de fortune qu'ils essuyèrent dans les premières années de la ré-

---

(*) Le frère de M. Claude-Joseph Moizin l'avait précédé dans la tombe, laissant deux enfants, une fille mariée avantageusement par son oncle, et un fils encore jeune. Nous désirons vivement voir ce neveu marcher sur les traces de son généreux parent, inspiré qu'il doit être, par les liens du sang et par la reconnaissance. Puisse le ciel exaucer notre vœu et qu'il en soit ainsi !

volution. Recommandables par la considération dont ils jouissaient dans la province, les parents de Joseph Moizin cultivèrent avec une attention toujours soutenue les heureuses dispositions du jeune enfant. Ils veillèrent néanmoins dès le commencement, avec une assiduité égale sur leurs fils, jaloux de laisser à chacun d'eux les ressources inépuisables d'une bonne et sage éducation, et leur préparèrent, par leur excellent exemple, un heureux avenir. Homme instruit et ayant fait de fortes études, M. Moizin père, ne laissa pas écouler de longues années sans initier ses fils aux premiers éléments des lettres et des sciences. Il remplit lui-même en bon père, les graves obligations dont Dieu et la nature l'avaient chargées et lorsque l'étudiant Joseph, qui annonçait alors déjà de très-avantageuses dispositions, eut atteint sa onzième année, il le plaça au collége de Bourg, après que sa sollicitude paternelle se fût informé des garanties qu'elle réclamait. M. Moizin reçut en même temps des Joséphistes érudits dont la réputation était justement méritée, des principes religieux dont il se montra toujours pénétré. Il puisa à leur école l'amour de la vertu et cette pureté exemplaire de mœurs qui ne l'abandonna jamais, même dans les entretiens les plus libres et dans les sociétés les plus enivrantes. Il acquit également dès cette époque, cette impassibilité de caractère qui ne se démentit point dans un âge plus avancé au milieu de ses plus cuisantes douleurs physiques et de ses plus vifs chagrins moraux. En effet, malgré les fréquentes vicissitudes auxquelles l'exposa sa santé naturellement délicate, et les événements où plus tard il fut placé, M. Claude-Joseph Moizin fit toujours preuve d'un sang-froid et d'une présence d'esprit rares. Aussi faisait-il lui-même grand cas du don inné chez lui, de cette énergie de résolution qui lui fit partout et en toute rencontre préférer le devoir au plaisir. Il l'entrenait avec art et savait la tempérer par une sensibilité non moins heureuse.

Les parents de M. Joseph MOIZIN, ayant assisté à son éducation première, avaient déjà puissamment secondé dans son tendre cœur, le précieux développement des qualités dont il se trouvait doué. Aussi peu de temps après son entrée dans la maison dirigée par les Joséphistes, ces savants professeurs reconnurent dans leur élève, le germe des plus beaux dons de l'esprit et de l'âme, qu'ils s'efforcèrent eux-mêmes volontiers d'encourager. Ils s'acquittèrent avec zèle d'une œuvre si conforme à leurs habitudes et à leurs goûts. Grave et réfléchi de si bonne heure, M. Joseph MOIZIN parcourut avec avidité les quelques livres étrangers aux études classiques ordinaires, qu'on lui avait permis de feuilleter. Dès ses jeunes années, il avait manifesté un curieux désir d'apprendre et de savoir; et déjà, il répondait aux soins de ses habiles maîtres et à l'attente que sa famille avait conçue. Sous des précepteurs d'une renommée aussi grande que les Joséphistes, langue grecque et latine, histoire et géographie, sciences physiques et mathématiques, tout devint bientôt familier au jeune homme laborieux. Dans son âme, que nulle passion pernicieuse ne parvint à troubler au sein des nombreuses occupations qu'il se procurait de lui-même, se développèrent avec rapidité les plus brillantes règles de conduite et l'éloignement le plus prononcé pour l'oisiveté et le vice. Il fit des progrès étonnants et sérieux dans les lettres : l'amour du travail était tel à quatorze ans chez ce cœur, ardent et tempéré à la fois, que pendant les récréations, tandis que ses camarades s'ébattaient avec joie dans les vastes cours des bâtiments du pensionnat, il recherchait avec bonheur l'isolement pour mieux s'appliquer. (*) Or déjà il semblait que dans les loisirs du disciple du collége se révélait le savant docteur, tant le jeune homme paraissait s'être mûrement pénétré de ce précepte d'Hippocrate, ce prince des Docteurs d'une science aussi ancienne que le monde, *lequel prévoyant dans sa haute supériorité, quoiqu'encore à un âge peu généralement civilisé, combien il est difficile de concilier la longueur des études qu'exige la profession de médecin, veut que l'éducation spéciale des sujets qui se destinent ou qui sont destinés*

(*) Voici un récit, entr'autres, qui nous a été fait par une personne digne de la croyance la plus entière: « Un jour dans une de ces heures des-
« tinées au repos que l'élève des Joséphistes absorbait totalement à méditer
« sur la science de la médecine, il fut tout-à-coup distrait de ses rêveries
« par des cris perçants qui partaient de la cour intérieure de l'établissement.
« Il se précipita brusquement hors de la salle où il avait habitude de se tenir
« renfermé loin des jeux bruyants de ses camarades, et courut vers ses
« condisciples alarmés et réclamant des secours pour l'un d'entre eux qui
« dans une chute s'était fait une contusion profonde à la tête. Deux sur-
« veillants survenus aussitôt, semblaient eux-mêmes inquiets, car la perte
« abondante de sang qu'éprouvait le blessé lui avait fait subitement perdre
« connaissance... Notre interne sans hésiter, se pencha avec précaution
« auprès de ce compagnon de ses travaux, aida à le relever, et visita la
« plaie avec une sagacité qui surprit les assistants. Puis il fit chercher du
« linge et étancher le sang tandis que lui-même se prît à laver l'endroit
« contusionné avec une *adresse qui parut toute de pratique.* — A la visite
« du médecin, le jeune infirmier obtint des louanges flatteuses, et jouit dès-
« lors d'une supériorité dont (ajouta notre narrateur), l'utile enfant s'es-
« timait fier ; mais sans orgueil. »

à cette toute belle carrière, soit commencée dès l'en-
fance, dans un lieu et sur un plan convenables. Joseph
Moizin depuis plusieurs mois surtout se complaisait avec
ardeur à étudier dans les livres de médecine et à appro-
fondir le petit nombre des notions de cette science qu'un
ami de son père en l'absence de ce dernier, que son service et une nombreuse clientèle éloignaient fréquemment
de sa famille, lui avait autrefois appris dans des moments
de loisir. Il consommait tout le temps qu'il dérobait à ses
premiers devoirs à fouiller dans le manuel qu'il avait ob-
tenu de tirer du cabinet renfermant la bibliothèque paternelle et d'apporter dans son pupitre d'écolier, ainsi que
lui-même dans l'une des dernières semaines de sa calme
retraite, prit plaisir à nous le raconter.

M. Moizin père regardait les connaissances que son fils
puisait dans l'étude de la médecine comme indispensables
à connaitre, quelle que fût la carrière qu'il voulut plus
tard embrasser. (*) Mais une voix particulière appelait
sourdement le jeune homme à s'environner des premiers
matériaux de sa vocation future. « Pour moi, *nous dit*
« *un jour notre vertueux ami,* je me sentais entrainé
« d'une manière intime vers la médecine. C'était un
« désir opiniâtre et vif, ayant sa résidence fixe au-dedans
« de moi-même, qui me persuadait de m'appliquer avec
« zèle et persévérance à l'étude de l'art médical. Lors-
« que j'étais dans la solitude, fréquemment je me sur-

(*) Nous avons emprunté autant qu'il a été en notre pouvoir, à une
source sûre et authentique, ces premiers détails sur la vie de M. le docteur
Claude-Joseph Moizin, qui fut l'ami sincère de notre famille maternelle,
dès son premier séjour à Metz, c'est-à-dire vers février 1816.

« prenais à sourire d'aise à la pensée que je serais quel-
« que jour docteur. Le savant ami qui, à chacune de mes
« sorties, me prodiguait ses leçons, s'apercevait avec
« plaisir des progrès de ce penchant précoce, auquel
« d'ailleurs ma famille ne semblait aucunement disposée
« à mettre obstacle. Il me dressa un petit questionnaire
« des principes essentiels à connaître dans la matière ; et
« je devais répondre à un certain nombre de points ou
« de discussions chaque fois que j'avais permission de
« venir le visiter. Ce que j'exécutai régulièrement et
« dont je me trouvai fort bien. C'est de la sorte que je
« commençai à m'instruire dans une science à laquelle je
« devais vouer ma vie entière. » Ce zèle devint de plus
en plus grand, à mesure que la sensibilité du généreux
jeune homme s'accrut. Sublime sentiment qui nourrit en
lui dès l'adolescence, la ferme volonté de se rendre
utile et l'empêcha de devenir le jouet de quelque passion
insensée qui l'eut inévitablement poussé à l'oubli du
devoir et à sacrifier la moralité à de honteuses démarches.
Aussi, arrivé à l'âge mûr, M. le docteur Moizin supporta
rarement avec patience la débauche dans ses inférieurs.
Toute apparence de scandale révolta toujours cette âme
pure et exempte de tache. Aux séductions et à l'impétuo-
sité de leurs attaques, elle opposa une digue et une
activité à toute épreuve.

A seize ans, la vocation de M. Moizin fut irrévocablement décidée. Il pria ses parents de lui permettre de
suivre la profession de la médecine qui, ajoutait-il, après
avoir exposé les arguments les mieux réfléchis dans la
crainte de quelque opposition, lui fournirait des occasions

réitérées de pratiquer le bien. Sa famille, loin de rejeter une détermination qu'elle avait au reste prévue, se rendit facilement aux considérations dont son jeune membre appuyait sa décision, pensant que la raison viendrait encore fortifier les dispositions qu'elle avait vu grandir avec complaisance. L'ambition du jeune théoricien était désormais comblée. Cet esprit prématurément raisonnable, goûta les sages avis qui lui furent présentés par les siens avec un calme et une gravité extraordinaires. Des larmes issues d'un généreux remercîment, coulèrent de ses paupières, lorsqu'il apprit qu'on ne l'eut jamais contraint à se tourner vers une profession quelconque pour laquelle il eût ressenti de l'aversion. M. Joseph Moizin peu après, prit encore d'autant plus à cœur d'acquérir des profondes connaissances en médecine, qu'il lui fut promis qu'on l'enverrait à l'école de santé de Paris, dès qu'il aurait appris tout ce qui peut, dans l'art médical, être communiqué par des préceptes. Deux des professeurs de l'ancien ordre religieux des Joséphistes qui étaient aussi experts en chirurgie, enseignèrent à leur élève, devenu leur ami, l'art trop négligé à cette époque par les médecins et les pharmaciens, de préparer les remèdes. (*) M. Moizin profita de tous ces différents cours et fit tous les progrès qu'on était en droit d'attendre d'une intelligence rare. Il goûta également les leçons de plusieurs médecins habiles,

---

(*) Les noms de ces maîtres si attachés á leur élève ont fui *notre mémoire :* dans une de ces agréables conversations où M. Moizin aimait à se reporter au printemps de sa vie, nous nous souvenons les avoir entendu prononcer par cet homme vénérable, avec le ton de la plus affectueuse gratitude.

confrères de l'auteur de ses jours , dont la sagacité était en renom , et qui s'empressèrent d'unir les ressources de leurs talents à celles des maîtres sous la direction desquels le jeune privilégié avait jusqu'alors travaillé.

Dès le début, M. Moizin imprima à ses études en médecine une marche fixe et régulière. Sa capacité précoce le conduisit à faire dans la ville de Bourg de riches observations dont les résultats constatés lui servirent dans la suite. Persuadé de la vérité de cette maxime, que pour élever un édifice qui puisse durer, il ne faut se procurer que des bois et des pierres de choix, il recueillit seulement les meilleurs faits dans les principaux ouvrages, laissant de côté la jactance, ne prenant que l'applicable ou ce qui était démontré par l'expérience, et fuyant l'équivoque et l'incertain, autant que possible. Son souhait le plus ardent était de se frayer un sentier, en toute saison abordable et hors de la mauvaise route où l'homme prudent de l'art a soin de ne s'engager jamais. Ce fut en se traçant de telles règles que M. Moizin acquit ce tact qu'on se plût tant de fois à admirer en lui et qui lui conseilla avec instance de ne s'arrêter qu'aux raisonnements. Sous ces auspices, le jugement de l'étudiant faisait effort et s'avançait dans la voie de l'innovation qui commençait dans ce temps à s'agrandir. La médecine était en effet entrée dans un siècle de renaissance et de gloire: cette science venait enfin de secouer le joug d'une vaniteuse ignorance sous lequel elle avait été contrainte de vivre grand nombre d'années; le charlatanisme naguère encore pédant et ridicule, s'affaissait de plus en plus et avançait vers sa ruine; la superstition elle-même vaincue et dorénavant sans appui, arrivait sensiblement à son heure d'agonie pour ne plus jamais renaître. La médecine spéculative avait fait place définitivement à la médecine scientifique. Après avoir dominé de longues années, celle-là croulait enfin d'une chute épouvantable, de son faîte élevé, pour céder le trône à une œuvre juste et bienfaitrice. Les siècles passés avaient eu parfois de brillants résultats et avait produit des illustrations égales en capacités aux plus hautes intelligences que possédèrent les érudits, du xviiiᵉ siècle; mais à côté de ces génies, que d'erreurs funestes aux progrès de l'art et à l'utile conception du talent consciencieux et impartial. La rumeur vulgaire faisait de la voie raisonnable un malheureux ruisseau séparé de la grande source : les mires, les physiciens et les barbiers passaient pour fameux au sens de la foule ébahie devant l'ordonnance ignare ou l'étalage effronté de leurs spécifiques dangereux et de leurs remèdes trompeurs. Le public, devait proclamer la grossière et criarde renommée, se méfier de la science et des jeux de cet enfant venu avant terme, de cette branche arrachée du tronc. Au milieu de tout ce prodige burlesque, on conçoit que le dévouement avait peine à percer les nuages épais de l'obscurité séculaire. Bref enfin, l'erreur passa et la vérité est demeurée... De nos jours la lumière se fait librement jour : les rayons auparavant séparés du foyer, sont revenus à lui et la vraie médecine triomphe. Parée aujourd'hui de sa nouvelle beauté et de l'antique gloire de ses premiers héros d'élite, cette science, sainte émule de la bienfaisance et du zèle religieux, voit poindre la belle aurore qui lui prédit un heureux midi.

M. Moizin salua avec transport l'apogée de l'astre de sa destinée. Après s'être utilement pénétré des doctrines sages que ses professeurs lui avaient enseignées, et avoir assisté à quelques leçons de chirurgie pratique dans un hôpital voisin, l'élève quitta maîtres et famille, non pas sans quelques regrets, malgré son amour pour la science; pour venir terminer ses études à Paris. La renommée du professeur de clinique Corvisart-Desmarets, du professeur de physique médicale et d'hygiène Hallé, de l'anatomiste Chaussier, de l'humain Philippe Pinel, des chirurgiens Antoine Sabatier et Philippe Pelletan, du chimiste de Fourcroy, des Bichat et de plusieurs autres médecins profondément érudits, était dans tout son éclat. M. Moizin fut admis à l'ancienne faculté de médecine qu'on avait tout récemment réinstituée sous le nom d'*école de santé,* et où brillaient tous ces génies novateurs en réputation. Il suivit les cours de plusieurs d'entre ces habiles professeurs, parmi lesquels marquait surtout l'illustre Bichat, (*) dont la postérité a recueilli avec orgueil le nom qui se présente aux plus grands talents entouré d'une pompe imposante. M. Moizin par son zèle soutenu et laborieux, attira sur lui l'attention de ce Médecin

---

(*) Bichat (Marie-François-Xavier) l'un des plus grands médecins des temps modernes et le plus illustre physiologiste que la France ait produit, après avoir étudié à Lyon sous le célèbre Marc-Antoine Petit, se rendit à Paris, où Desault ne tarda pas à le distinguer. Elève, puis ami de ce dernier, il l'aida dans ses travaux. Né en 1771 à Thoirette-en-Bresse, Bichat mourut en 1802 des suites d'une chute violente qu'il fit sur l'escalier de l'hôtel-Dieu.

Les Médecins, compagnons de Bichat, sont également trop connus pour qu'il soit besoin de rappeler même en résumé leur biographie. La carrière de chacun d'entre eux est une vraie page arrachée à nos annales.

immortel. Ce juge intègre qui ne connaissait point d'autre ordre d'antériorité que le vrai mérite, avait accueilli d'abord avec bienveillance le fils d'un collègue que lui avait recommandé un de ses plus avoués amis de province. Mais ce ne fut que quand Bichat eut considéré la clarté qui présidait au résumé analytique des rédactions de son disciple, la solidité de ses raisonnements et la finesse de ses vues modestes, mais puissantes, qu'il témoigna le désir de connaître plus familièrement son protégé et qu'il lui offrit son amitié à la suite d'un court entretien.

M. Moizin père, qui arriva à Paris peu de jours après ces marques extrêmes d'affection que son fils recevait de Bichat, fut heureux et fier de pouvoir jouir quelques courts moments de l'intimité qui commençait déjà à unir le maître et l'élève. On pense qu'il en éprouva une bien vive satisfaction.

L'effet puissant de l'enseignement de Bichat acheva de perfectionner l'observation juste et précise du jeune Moizin ; la faveur dont il jouissait auprès de son professeur éminent, enflamma son enthousiasme pour le travail au plus haut degré. M. Moizin se livra à l'application des études générales ; il étudia à la fois l'anatomie, la médecine, la chirurgie, enfin toutes les diverses branches de l'art sublime de guérir ; mais sa spécialité principale fut d'observer avec perspicacité et comparaison, les phénomènes naturels qui se manifestent à la suite des blessures faites par les armes à feu et les plaies occasionnées par l'acier tranchant. Ses travaux dans cette partie de la science l'amenèrent à demander à la nature ce que les livres avaient encore, après plusieurs siècles de patience et de

labeurs, tant de peines à expliquer. La pratique vint
aussi éclairer ses observations scientifiques. D'un zèle infatigable et à toute épreuve, M. Moizin demanda et obtint
la permission de visiter quelques hôpitaux où il eut bientôt à faire plusieurs opérations assez difficiles, dont il
réussit à se tirer avec adresse et bonheur. Les louanges
justement méritées que l'élève, à peine adolescent, recueillit en plusieurs circonstances de la part de ses professeurs, affermirent de plus en plus sa résolution dans
la voie qu'il s'était tracée. Nous pourrions narrer ici quel_
ques-unes au moins de ces cures heureuses que les premiers
chefs dans la hiérarchie, confiants dans son humanité excessive et dans son talent précoce, n'hésitèrent pas à
charger M. Moizin, malgré sa tendre jeunesse; mais notre
tâche, nous l'avons avoué humblement et sans prétention
aucune, n'est point d'entrer dans tous ces détails : notre
incompétence d'ailleurs nous entraînerait infailliblement
à des erreurs. Nous avons voulu simplement, tout inca-
pables que nous sommes, il est vrai, mais pour cause de
gratitude et persuadés que nos autres imperfections
seront pardonnées, en raison des sentiments qui ont dic-
té cet essai, représenter et décrire la puissance et les
nobles facultés du zèle et du dévouement revêtus d'un
sceau particulier chez un homme qui, outre ses précieuses
qualités, eut surtout la volonté de ne se laisser point
éblouir par sa grande renommée; mérite d'autant plus
sublime que les modèles de ce genre ont été et seront
toujours rares. Tel se résume notre rôle.

Et certes, il faut une grande force sur soi-même et sur
l'orgueil qui domine l'esprit humain, trop facilement en-

thousiaste de sa seule gloire, pour demeurer maître de ses passions en toutes circonstances. M. Moizin posséda ce don à un degré supérieur: s'appuyant sur des études immenses, ce savant Médecin avait soif de justifier l'estime dont il jouissait. Aussi était-ce pour lui un véritable délassement à ses travaux journaliers que de discuter en compagnie de quelques compagnons non moins laborieux, les points essentiellement capitaux en même temps que les plus remarquables de la science. Cette excellente habitude le conduisit à des progrès sensibles qui firent naître des pensées plus magnifiques encore que celles qu'on avait formées tout d'abord, si belles déjà que ces dernières fussent. De plus, à côté de ce beau talent si justement apprécié, ce jeune collaborateur d'augustes maîtres dans l'art de la médecine et de la chirurgie, possédait une qualité, je dirai même une vertu plus admirable encore. Car s'il était dans la destinée de ce génie d'élite de l'adolescence studieuse, de se faire aimer de ses précepteurs, jamais élève ne se montra plus digne de cette affection légitime.

M. Moizin fut toujours fidèle à sa manière de beaucoup observer et d'écrire rarement. Il lisait aussi très-peu ; mais avait la sage méthode, en feuilletant les meilleurs auteurs qu'il *tenait sous la main,* de prendre note de tout ce qui pouvait frapper son esprit ou diriger prudemment son intelligence. Mentionnons ici que bien que zélé imitateur de Bichat, son modèle de prédilection, M. Moizin ne poussa point au même degré que cet illustre Médecin, (degré qui, en généralité, peut non seulement paraître, mais bien être excessif), l'abstention de la lecture. Le puissant maître, quelques heures avant d'expirer, a donné lui-même cette définition de son intime pensée, en prétextant à la fois sa raison : « *Si je suis allé si vite,* (ce sont les paroles textuelles du grand et philanthrope Médecin), *c'est que j'ai peu lu. Les livres ne doivent être que le mémorial des faits. Or, en est-il besoin dans une science où les matériaux sont toujours prêts de nous, où nous avons les livres vivants, en quelque sorte, les morts et les malades.* Puisque nous avons eu occasion de rappeler de nouveau le nom de Bichat, honneur à sa mémoire! Louons hautement ce professeur immortel et courageux, noble exemple du dévouement par excellence, que les plus savants de nos contemporains, admirent et respectent, d'avoir donné essor à de saintes dispositions juvéniles, et d'avoir ainsi contribué à perpétuer les traditions qui honorent le corps des Officiers de santé. C'est que l'illustre et charitable Bichat n'ignorait pas que l'un des devoirs sacrés de l'*homme médecin*, est d'être un *véritable ami ;* et il le fut en vérité, dans la plus pleine acceptation de l'acte. Si nous consultons les différentes phases de sa vie, toutes marquées pour son art d'un ardent et zélé amour dont il ne cessa de donner en effet à ceux qui eurent besoin de son aide utile, des preuves évidentes, aujourd'hui transcrites sur le parchemin éternel de l'histoire, par conséquent devenues de notoriété publique, nous apprendrons que jamais il ne faillit au glorieux sacerdoce confié *aux prêtres du corps,* et que, fortement pénétré de toute la grandeur de la haute mission du bon Médecin, il eut le bonheur de réussir à inculquer ce bien au cœur du plus grand nombre de ses disciples favorisés. (M. Moizin , compatriote de Bichat, entr'autres, est un exemple de la vérité que nous montrons). Digne instruction de science et de foi; puisse ceux qui guérissent les hommes toujours la comprendre aussi intelligiblement, et se transmettre d'âge en âge, comme un legs précieux , le désir de conserver la lumière céleste pour conduire leur main. Et vous qui êtes maintenant les génies supérieurs d'entre les rédempteurs des maux de l'homme , vous qui avez reçu de Dieu même les clefs de la vie du corps et la puissance d'absoudre l'être physique des douleurs qui le tourmentent, attachez-vous, dans les fonctions difficiles de votre grand ministère, à honorer à votre tour la belle carrière qui vous a accueilli parmi ses nourrissons privilegiés et vous a la première honorés. Etudiez-vous, par l'autorité seule de l'exemple, par votre marche d'un pas inébranlable vers la perfection, à guider vos inférieurs dans les voies de la sagesse et du devoir! Votre rang, vos titres sont autant d'obligations que vous avez contractées envers la société, et qui vous ordonnent de parler uniquement à tous les cœurs par le ferme sentiment de la vertu. Songez que tout être vivant, en conséquence, et encore plus, tout fonctionnaire, est justiciable de la grande famille des nations, dont il est membre et comptable de la vérité à son égard! L'existence du mérite qu'on rétribuera en vous, doit donc être réelle et parfaite. La noblesse de votre institution divine, nous permet d'une manière toute spéciale, d'avoir recours à Dieu lui-même, et de solliciter son secours au sein des mille tentatives de la science. Or, soyez sans crainte, si votre mérite est en réalité ce qu'il paraît être; car vous serez heureux et vous vivrez en paix ; rien n'étant doux comme de faire le bien : le ciel enfin bénira vos continuels exercices, parce que vous aurez eu recours à lui, et que vous n'aurez point mis votre confiance en vous-mêmes. Quoi de plus magnifique en effet qu'une charge qui bénit et console, qui ouvre à l'âme les portes de la joie et de l'espérance, et qui produit sur le corps malade un effet semblable à celui que cause sur la plante flétrie le tiède rayon du roi des astres! Arrière donc la corruption et l'amour excessif de l'argent! Le vice, non plus que ces excès, ne prévaudront jamais contre la science de guérir, tant qu'elle restera unie à Dieu.

A l'École de santé de Paris, qu'illustraient alors les génies que nous avons énumérés, M. Moizin rencontra de vrais émules, justes et aimables condisciples. Au nombre de ces derniers, nous citerons en première ligne, à la gloire de la profession qui a produit de pareils hommes, les noms connus et voués à la postérité des Broussais (*), l'une des célébrités modernes de la mé-

(*) Broussais (François-Joseph-Victor), célèbre réformateur de la médecine en France, Membre de l'Académie des sciences morales et politiques, né à Saint-Malo, en 1772, mort à Paris en 1838, après avoir servi comme Médecin aux armées de la République et de l'Empire, fut nommé Médecin ordinaire et Professeur à l'hôpital du Val-de-Grâce (1814), époque à partir de laquelle il commença sa célèbre réforme; puis Médecin en chef du même hôpital, en 1830, Professeur de pathologie et de thérapeutique générale à la Faculté de médecine de Paris. Pour guide du plus grand nombre de ses travaux il est vrai d'observer que Broussais suivit un système peut-être exclusif; ce point d'ailleurs lui est commun avec la plupart des esprits réformateurs, quelqu'excellente que puisse être la base du principe capital. Ainsi Broussais eut cette méthode singulière de vouloir d'abord expliquer tous les phénomènes pathologiques quelconques par l'inflammation

decine militaire, que **M. Moizin** remplaça au Conseil de santé des armées, des **Rampont** (**), des **Marjolin** (***),

---

des tissus, produite par un excès d'irritation dans les propriétés vitales, et ensuite d'élever sur ce fait, certes très-important, une opinion propre, mais brusque et trop contraire à l'ordre naturel, laquelle combattirent à l'envi de nombreux adversaires. Néanmoins, comme justice commande, des auteurs judicieux ont confessé que la jalousie et la partialité avaient été en cette circonstance, les armes de plusieurs des ennemis de Broussais. Celui-ci eut également le tort de se laisser emporter vers les funestes doctrines du matérialisme. Faiblesse et illusion déjà coupables, que certains esprits se permirent encore d'exagérer; mais dont Broussais se repentit plus tard avec désespoir. M. Mignet qui lut une intéressante notice biographique et littéraire sur Broussais à la séance de l'Académie des Sciences morales du 27 juin 1840, a dit, en parlant de l'*histoire des Phlegmasies chroniques* (Paris, 1808, in-8°), dans laquelle l'auteur combat le système médical alors universellement adopté : « Cet ouvrage, perpétuera la gloire de Broussais aussi long-temps que la saine observation et la vraie science seront en honneur. »

Outre ce premier travail, Broussais a publié divers traités non moins célèbres; mais plus absolus.

Terminons en remarquant que si la vie de Broussais fut tourmentée par quelques agitations, c'est que ce savant commit la faute d'oublier que si la Providence a dévoilé à l'homme les mystères du corps humain et a aplani devant le médecin les voies de la science, ce ministre du corps doit en retour chercher ailleurs que dans les ténèbres, la lumière dont il a besoin pour guider son regard.

(**) Rampont (François-Mansuy), décéda à Metz, à l'âge de 58 ans. Nous transcrivons littéralement ci-dessous l'épitaphe que l'amitié du confrère dévoué qui est le sujet de cette notice, fit graver sur le monument élevé à la mémoire du savant et modeste Médecin :

François-Mansuy

RAMPONT,

Né à Vadonville, département de la Meuse, le 3 Septembre 1777,
Médecin en chef d'armée,
Premier Professeur à l'hôpital militaire d'instruction de Metz,
Officier de la Légion-d'Honneur,
Chevalier de l'Ordre de Charles III,
Membre des Académies de médecine de Paris et de Madrid,
Mort le 1er Octobre 1831.
Etre utile et plaire à tous fut la devise de sa vie.

des Roux, des Villeneuve, des Lagneau, des Cuillerier
et des Lacretelle. Tous connurent le charme d'être unis

Médecin savant, praticien habile,
Professeur distingué,
Parent généreux, ami sûr,
Chef plein d'équité,

RAMPONT

laisse dans le cœur de ses parents, de ses amis
et des habitants de cette Cité,
un souvenir ineffaçable de regrets et de douleur.

M. Moizin, rédacteur de cette inscription, a été l'écho et l'interprète
du deuil répandu dans les murs de notre ville, après la mort du désintéressé Rampont. Le récit des actions de ce Médecin prodigue de ses soins,
compose un des feuillets sans reproche de la biographie médicale.

Nous narrons seulement un trait admirable qui honore l'allié de notre
ami-conseiller et qui ne se trouve écrit nulle part encore, du moins à
notre connaissance. Nous tenons le fait d'une bouche ennemie de l'erreur
même la plus excusable et pour laquelle *le mentir est un maudit vice.*
M. Rampont était un homme érudit et éminent, et pour les dons de
l'esprit et pour les qualités du cœur. Brave, honnête et délicat dans toutes
occasions, il possédait cette sorte de culte pieux qu'on est convenu raisonnablement d'appeler la religion du cœur. Nous tâcherons d'être brefs dans
notre narration : le sujet est sublime ! Nous entrons en lice. Voici donc
les principaux détails de ce qui arriva un jour de l'an qui précéda le
1er octobre 1831. Nous n'y joindrons que quelques réflexions nécessaires.
M. Rampont, le service et les cours de l'hôpital terminés, était rentré
suivant son habitude, dans son cabinet pour répondre à toutes les consultations parfois rétribuées, et le plus ordinairement gratuites, qui lui étaient
adressées. Dans sa grande âme, le pauvre comme le riche avait accès à ses
conseils ; toutes les conditions avaient droit de présentation : nulle préé-
minence, nulle faveur. Chacun, quel qu'il fut, passait à son tour, obte-
nait une attention égale à ses demandes, une égale compatissance à ses
maux. Ce n'était pas même assez pour ce philanthrope désintéressé d'avoir
sa porte ouverte à quiconque venait implorer son assistance et le secours
de l'art, il se transportait lui-même, chaque fois qu'il y avait urgence, au
chevet du malade ou du moribond, quels que fussent sa demeure et
son état ; s'asseyait aussi bien sur la paille que sur la couche richement
ornée, où il était gisant, et respirait sa mauvaise haleine, sans que les dé-

ensemble par les liens d'une amitié vraiment fraternelle. Hommes précieux et modestes, recevez nos hommages;

---

goûts et les dangers qui arrêtent souvent les parents et les autres proches de la famille, pussent apporter quelque hésitation à sa marche investigatrice. L'amitié de MM. Rampont et Moizin a été trop sincère et trop durable pour qu'il ne nous soit pas permis de les comparer l'un et l'autre sous le jour heureux qui s'offre à notre sens. Partout où il y avait du bien à faire, Rampont était le constant émule du Docteur Moizin, son ami sûr. Ministres fervents, tous deux dispensateurs des miséricordes corporelles du Seigneur, quel enseignement plus puissant sur les cœurs que le spectacle de ces deux vertus intimement alliées! Patients et infatigables, la large part qu'ils prenaient aux peines d'autrui, le soulagement possible selon les situations des individus, qu'ils apportaient à leurs angoisses, consolaient et fortifiaient. Sous la pression de leurs doigts, le pouls du malade que la fièvre dévorait, tressaillait d'aise et d'espoir. Ce n'était point prodigieux de rencontrer ces deux âmes si bien unies, au sortir de leurs visites, se concertant ensemble sur les remèdes à administrer, sur la voie à suivre pour arriver à une guérison radicale, ou bien s'il fallait abandonner toute espérance, s'entendre afin d'adoucir le vif aiguillon du mal qui devait conduire lentement au tombeau, tel ou tel de leurs nombreux malades. Vie modeste et digne d'une envie pardonnable sous plus d'un rapport, surtout dans un temps de commotions comme le nôtre, où le déclassement des conditions alimente et rejette à la fois tant d'ambitions, tant d'espérances, et où l'amitié, ce présent des cieux, a plus souffert que la bienfaisance et d'autres dons du ciel à nous si chers, par suite de la rupture de tous liens domestiques et sociaux! Cependant ne représentons pas notre époque sous un jour défavorable: déjà on revient de l'isolement, de la cupidité. La trompeuse hypocrisie et le malin mensonge commencent à être refoulés au fond de l'abîme d'où ces vices étaient sortis d'un air triomphant. Prions, ayons foi et espoir, alors ce ne sera point folie. Pressons-nous et ramenons à la hâte, mais fermement, nos pas égarés dans les sentiers du devoir.

Qu'on nous excuse cette courte disgression; elle n'est point au reste tout à fait hors de la question. Nous revenons à l'objet premier du récit. M Rampont rendait ses services journaliers à un pauvre ouvrier-manœuvre qu'il aidait de temps à autre de ses avis et de sa bourse, lorsqu'on vint le prévenir qu'une respectable sœur dite en religion M***, qu'il avait laissée plus calme à sa visite de la dernière nuit, se mourait. M. Rampont quitta ses clients à domicile pour voler au lit de la moribonde. Parvenu en quelques minutes à la demeure religieuse, il fut aussitôt introduit dans la cellule de la pieuse fille. Il interrogea le mal, scruta ses progrès... Vain espoir! Le mal avait atteint son apogée..... La Médecine était désormais

votre exemple nourrira le flammeau de vie du corps dont vous demeurerez les illustrations protectrices ! La méde-

---

impuissante : son rôle était terminé... M. Rampont le comprit ; néanmoins il voulut rester et assister l'agonisante dans la pensée de calmer les tourments aigüs auxquels elle demeurait en proie. Il n'avait jamais éprouvé une sensibilité aussi excessive qu'en cette journée : il souffrait plus que de coutume devant ce tableau déchirant. Une force invisible néanmoins, comme il le raconta à sa sortie du lieu à *son autre lui-même*, (le docteur Moizin : ces deux amis échangeaient mutuellement ce doux titre entr'eux;) le fixait immobile. Plusieurs fois il essaya de détourner les yeux de l'image de cette scène douloureuse, après avoir administré au corps martyr quelques calmants. Il ne le put : une force irrésistible s'y opposait avec persévérance..... Un vénérable ecclésiastique, illustre dans la contrée par sa bienfaisance et qui, à plus d'une reprise, eut le courage de demeurer le seul et dernier consolateur du criminel justement abandonné des hommes, jusque sur le hideux échafaud, avait veillé auprès de la malade. Après avoir remis ses péchés au nom de son Dieu, à l'humble pénitente, il l'avait disposée à recevoir le sacrement qui donne l'Auteur de la Grâce; matin le même, car ni la servante du Seigneur, ni l'homme de Dieu n'avaient point voulu attendre que la mort se présenta : l'âme de sœur M*** avait salué d'espérance et d'amour son maître et son roi qui avait pris résidence en elle. Le digne ministre des autels était de nouveau attendu : la science du corps, sans espoir, réclamait en faveur de la moribonde le retour du prêtre. M. Rampont lui-même pressait : alors pour la première fois, il était en voie de bien sentir le lien puissant que forme entre les hommes la communauté de fonctions et de ministère. L'aveu genéreux qu'il en fit ensuite à son ami, nous en est le pur témoignage. Répétons le sens des paroles noblement senties de ce Médecin des pauvres : « J'étais surpris, (dit cet ami de l'humanité), au milieu de ce déchirant tableau, de voir avec quelle résignation sœur M*** tolérait son mal et attendait la venue de son directeur. J'avais été témoin de bien des morts douloureuses, de pieux chagrins certes navrants, aucune des peines que j'avais eu à supporter de près, ne m'avait impressionné comme les derniers moments de celle que j'assistais, patiente et récitant de saints cantiques, d'une voix souvent entrecoupée... A l'arrivée du bon abbé G*, la malade tourna son regard presqu'éteint vers lui. Ses compagnes la soulevèrent sur son chevet; l'ecclésiastique s'approcha de la pieuse fille : dès lors entre elle et lui une ineffable conversation eut lieu ; sœur M*** me parut plus forte contre la mort... Je compris depuis qu'elle était alors devenue plus courageuse pour combattre la dernière lutte et pour remporter la dernière victoire... Elle pensa même à m'adresser d'un geste affaibli des remercîments. Puis elle continua à prier encore avec

cine, éclairée par vos travaux et guidée par vos vertus,
continue de nos jours à soutenir la pieuse renommée à elle

une ardeur si vive qu'il me semblait impossible que cette vivacité pût
être empruntée á son corps paralysé et sans vie. Depuis également, me
suis-je dit, la force motrice de cette tension vers son créateur de sœur M***,
c'était la foi qui l'embrasait... Enfin, elle échangea quelques saintes
paroles, demanda du regard la croix bénie qui reposait entre la main du
prêtre, y appuya ses lèvres décolorées et pâles de la mort, et déjà elle
n'était plus !... Oh! alors, moi qui étais chrétien, mais sans culte extérieur,
je l'avoue avec franchise et bonheur, en sortant de ce sanctuaire du repos où
j'étais resté trois quarts d'heure à peine, par pur sentiment du devoir, je sentis
la différence qui existe réellement entre les mots : *Philantrophie et Charité*. Je compris que les prières de l'Eglise ne peuvent aimer à s'entretenir,
qu'avec l'esprit qui les comprend et le cœur qui les goûte. Je commençai
à réfléchir sérieusement sur le besoin du culte et des cérémonies, et sans
m'être jamais permis aucune raillerie sur ces dogmes respectables, je me
condamnai moi-même... » Quelques jours après ce pieux évènement,
M. Rampont vit M. l'abbé G* avec lequel il avait de fréquentes relations de
bienfaisance surtout : il lui fit l'aveu de ce que son âme avait ressenti en
présence de la scène que nous venons de décrire. Le ministre de Dieu lui
déclara avec bonheur l'heureuse vérité. Eclairé par cette faveur, l'une d'entre
les plus signalées dont nous puissions être redevables à la Divine Providence, on vit non seulement M. Rampont ajouter foi entière de plus en
plus à la grâce de son Dieu, mais encore s'efforcer de réduire au silence
par son imposante conduite, tous les vices de notre orgueilleuse faiblesse.
Il persévéra dans cette sainte ligne du devoir et des pratiques religieuses,
sans ostentation aucune, jusqu'à ce que son âme entourée des bénédictions
de notre populeuse cité, fût appelée aux joies de l'éternité.

L'homme par nous vénéré, duquel nous tenons ce récit, nous a rapporté
avec quel bonheur, au déclin de sa vie, M. Rampont se plût à retracer
devant lui l'image de sœur M***. Il la contempla avec calme dans ses derniers moments qui furent partagés entre les larmes de la reconnaissance
la plus sincère envers son Dieu et quelques merveilleux entretiens avec ses
amis alarmés, qui se pressaient autour de son lit de douleur.

Nous avons retracé, autant que nos forces débiles et impuissantes nous
en ont laissé la liberté, les circonstances de ce trait de la vie dévouée d'un
homme de bien.

Nous osons avancer que Metz, la ville pieuse et charitable, (ces deux
qualifications ne sauraient se séparer,) s'estime fière chaque fois qu'elle
peut reporter un souvenir de gratitude sur ceux qui, sans lui appartenir par
le sang en quelque sorte, ont aidé ses propres enfants à supporter le poids

acquise par vos cœurs généreux, maintenant la plupart éteints, et sur les restes humains desquels la tombe s'est refermée. En effet, ces nombreuses et remarquables actions d'éclat toutes récentes, arrivées au sein de nos populations naguère effrayées et tremblantes encore du coup foudroyant qui menaçait de ne plus bientôt laisser à la plupart de ceux de ses membres endoloris et souffreteux, que l'ombre et le silence d'une fosse commune faite á la hâte, ont puissamment relevé le courage abattu des moribonds qui affluaient dans nos campagnes désolées, et assurer la conservation de bon nombre d'entr'eux. Et au milieu de ces crises causées par un fléau dévastateur et opiniâtre, que

---

et les charges de la vie. Elle revendique avec bonheur le droit de compter de semblables héros consolateurs de l'humanité souffrante, au nombre de ses fils d'adoption. — Pour nous, nous aimons ces esprits forts qui, faibles quelques instants, ne rougissent pas de se remettre en communication avec la grande société des âmes vertueuses. Heureux donc ceux que le découragement n'abat point : car le *découragement* est le plus grand obstacle à la vertu, parce qu'il empêche de rompre avec le passé, et force ses victimes à croupir dans l'abîme des funestes habitudes.

Ces explications pourront encore paraître longues; mais le récit et les liens resserrés d'affection qui existèrent entre Messieurs les docteurs Rampont et Moizin, comportaient tous les développements ci-dessus, mieux exprimés il est vrai. Qu'on veuille bien excuser notre incapacité : l'intention est toutefois juste.

(***) Ce nom et ceux qui suivent sont honorables. Nous ne donnons point sur les hommes qui les ont portés, des détails biographiques, parce qu'ils ne conservèrent avec M. Moizin, au sortir de l'Ecole de Paris, que des rapports simplement de convenance et de service, et qu'en résumé, leur réputation quoique belle, ne jeta pas non plus un éclat égal à celui des célébrités précédemment rappelées. Au reste ce n'est point le lieu d'abuser ici decitations: qu'il nous suffise de dire que ces hommes de probité jouirent dansle cercle de leur capacité, d'une réputation méritée. Un proverbe prétend encore : *Que ce ne sont pas toujours ceux dont on parle le plus qui sont les plus heureux.*

de sublimes actes isolés de dévouement nous sont échappés ; combien de ces hommes généreux ont payé de leur vie patriotique la prodigalité de leurs soins et de leurs veilles! Ces actions désintéressées, qui les a enfantées secondairement? (Car pour être justes, nous devons la part de la Providence directrice de toutes cordiales impulsions!) N'est-ce point le souvenir de ces premiers modéles qui, durant la première moitié de ce siécle, donnèrent l'émulation à leurs jeunes éléves, à leurs collaborateurs, de toutes les qualités du Chirurgien et du Médecin militaires! Oui, en vérité, on a raison de dire que *les maladies font les héros de l'art médical et que la meilleure partie, essence presque divine de ces célébrités dont les dépouilles mortelles sont aujourd'hui retournées à la terre, n'a point de fin.* Le nom de ces aînés est pour ceux qui les suivent, un sujet même d'exhortation continue à bien faire, et fait surgir parmi leurs neveux, une moisson copieuse de dignes successeurs, qui, eux à leur tour et successivement, en soignant avec scrupule les soldats frappés par le fer ou le feu de l'ennemi étranger, ou atteints par la contagion, ne sauvegarderont pas seulement l'honneur de ces intelligences charitables, vénérées des braves de nos armées, et dont la gloire de plusieurs est retracée sur les colonnes de marbre ou de pierre choisies, élevées par la patrie reconnaissante à la mémoire des grands hommes ; mais conquerront aussi pour eux-mêmes une renommée sans tache, peut-être même cette haute estime dont les gouvernements appréciateurs ont le secret d'entourer les plus dignes. Toutefois, empressons-nous d'ajouter que si tous ne peuvent atteindre le degré supérieur que les intelligences les plus éminentes seules ont droit de gravir, chacun dans la juste sphère des ressources qu'il tient de l'Etre suprême, possède la libre capacité d'accomplir ses devoirs et d'acquérir rang, s'il le veut, parmi les plus vertueux et les plus hospitaliers. Ces modèles auxquels vous tous, Officiers de santé militaires, chaque jour, vous renouvelez en quelque sorte, par vos *actes libéraux*, l'engagement de rester fidèles, furent de nobles camarades qui au talent réunirent le rare mérite d'être aussi modestes que capables, et qui aux qualités sociales qui font aimer, joignirent les vertus qui conseillent et persuadent.

Animés du même feu sacré, jamais le plus léger souffle de la folle envie ne put souiller les lèvres pures de ces amis de la foi scientifique et religieuse ! Jamais non plus entr'eux, la moindre marque de jalousie ; par conséquent nulle place pour l'inimitié. Ces premiers nœuds d'une estime affectueuse et mutuelle furent cimentés entre ces hommes d'élite, par les chaînons solides de l'intimité la plus sincère. Sublime amitié qu'aucun prétexte, que nulle intrigue ne put affaiblir et qui ne se démentit point ! Mais pourquoi, en parlant nous-mêmes, dessécher les fleurs plantées de la main de celui que nous honorons le plus en ce lieu, et ne point retracer le propre langage que M. Moizin tint en personne sur l'urne funèbre du fidèle et dévoué Rampont, lorsque trente-quatre ans plus tard, sur la tombe de cet ami né des gens vertueux, le nouvel Anuce Foës de Metz, parla avec une si expresse pensée des sentiments réciproques qui avaient commencé à unir d'amitié ces hommes modestes dès leur rencontre à l'École de Paris, et qui, après s'être accrus encore dans le chemin de la vie, s'étaient conservés si précieusement. Encore retracer quelques-uns de ces élans sublimes de tendresse que le cœur de l'ami affligé fit entendre dans ce jour de deuil, sur la carrière de l'homme de bien, son pieux et ancien condisciple, n'est rien vis-à-vis de l'émotion qui présida à leur lecture, nous ont affirmé des témoins auditeurs. Nous en étions nous-mêmes franchement convaincus.... Ce tableau est le reflet réel même de la grande âme du Docteur Moizin : nous l'exposons avec bonheur à la vue des Médecins aussi éclairés qu'habiles que possède notre Cité, et de ceux qui n'assistèrent pas aux obsèques d'un bienfaiteur auquel son zèle infatigable et son dévouement sans bornes avaient préparé à l'avance l'immortalité. Voici ces paroles si bien senties: « Rampont, « (c'est M. le Docteur Moizin qui parle, nous le répé- « tons), après avoir reçu les éléments de l'art de guérir « d'un oncle, Médecin aussi bon praticien que savant, « fut envoyé à l'École de santé de Strasbourg comme « l'Élève le plus digne et le plus capable de son district. « Les connaissances qu'il y puisa, auraient satisfait l'am- « bition de tout autre ; pour lui, qui croyait ne jamais « savoir assez, elles lui firent naître le désir de les per- « fectionner à l'école si justement célèbre alors de l'im- « mortel Bichat. Là il se distingua de ses nombreux con- « disciples, par la plus grande facilité et le plus ardent « amour de l'étude, qui bientôt lui méritèrent l'estime « particulière de son illustre maître. Son camarade, son « émule, j'appris dès-lors à apprécier toutes les belles « qualités de son cœur et de son esprit, et jusqu'à ce

« jour il m'honora de son amitié, sans qu'elle fût jamais
« troublée par le plus léger nuage. » (*)

Pour rappeler une affection si prodigieuse, certes il nous
fallait emprunter ce beau langage si plein de nobles sentiments qui peignent aussi également trait pour trait le
caractère loyal de notre vertueux ami. C'est qu'il est
raisonnable de dire qu'on ne peint jamais si bien les autres
que d'après ce qu'on sent être en soi-même.

Le souvenir de ces noms illustres et honorables, des
Rampont et autres non moins modestes qu'érudits, chers
à la patrie, voués les uns envers les autres d'une amitié
si profonde et si entière, n'ajoute-t-il pas encore à la
sincérité de nos croyances? Il témoigne d'ailleurs de la
véracité de notre écrit. Et qui, devant les preuves au-
thentiques qui garantissent le vrai de nos paroles, se
refuserait de comprendre les pensées diverses de joie et
de deuil, qui inondent notre âme, et ne voudrait point
les partager avec nous?

Ce fut au champ même du cercle intellectuel et moral
où M. Moizin se pénétra sérieusement des excellentes et
solides qualités qui le distinguèrent comme Médecin,
qu'il s'apprit à entremêler les nombreux travaux de son
étude spéciale, de généreuses réflexions sur la conduite
que doit mener tout homme de cœur pouvant être assuré
des ressources qu'une capacité née d'une indépendance
consciencieuse et d'une constante observation, met à
même de faire concevoir. M. Moizin venait à peine
d'aborder le seuil de la vie, et déjà il n'ignorait pas que

(*) Le discours auquel nous avons pris ce passage, fut prononcé le 3
octobre 1831. L'imprimeur P. Witersheim le publia.

la première de toutes les doctrines est celle qui a pour
objet de rendre l'homme meilleur. Aussi était-ce pour lui
un devoir sacré que de disposer ses facultés à conquérir
le plus de bien possible à faire. Il n'avait rien tant à cœur
que d'être occupé à s'instruire en vue d'être utile à ses
semblables. Actif, laborieux, humain, compatissant dès
ses plus jeunes années, il entretint dans son âme sensible,
avec une ardeur toujours croissante, ce foyer d'heureux
éléments, dont l'objet capital est de préparer le cœur de
l'homme à la pratique des vertus. M. MOIZIN fut puissamment aidé dans cette tâche par des hommes respectables, prudents amis qu'il consultait et dont il aimait à
se rapprocher, parce qu'il avait la sage intelligence de
comprendre que les personnes qui ont pour elles l'expérience des affaires et le commerce de la vie, sont
pénétrées plus profondément que toutes autres, de la
sainteté de leurs devoirs. De plus, il savait que l'exemple
de ces gens d'élite pousse, comme un fort et précieux
stimulant, les autres habitants de notre vallée, á mieux
connaître et remplir leurs obligations propres.

Appréciant la faveur d'être précédé dans le chemin
obscur et sinueuxde la vie, d'un flambeau dissipant les
ténèbres épaisses qui pouvaient voiler la vérité à ses yeux
peu experts, et qui l'éclairait à travers les vapeurs du
monde, il eut le rare bonheur de grandir dès son adolescence, en force et en puissance contre les périlleuses
attaques du vice. Sous la conduite de cet enseignement
actif et en quelque sorte personnifié, qui exerce sur les
cœurs un charme beaucoup plus puissant que l'audition
de l'éloquence même la plus persuasive, notre prévoyant

ami réussit à se tenir constamment en garde contre les passions toujours ardentes à combattre nos plus sages résolutions, et put goûter le bien-aise qu'éprouve une âme ouverte à la piété. L'étude était son unique maîtresse : c'était pour cet amant fidèle, nn charme ineffable de se reposer de ses travaux obligatoires, à l'ombre de la douce atmosphère de cette religieuse amie. Il y trouvait une nourriture abondante et variée. Plus tard, lorsque l'heure de la tranquillité eut frappé l'airain pour cet homme estimable, époux reconnaissant, il se souvint à de fréquentes reprises, de ces temps où il avait appuyé avec franchise son bras sur les épaules ouvertes et fortes d'innocence de cette chaste compagne, afin d'assurer son pied alors débile sur le terrain glissant et rocailleux qui mène au port, route qu'il semble dabord presqu'impossible de franchir, mais qu'après peu de jours d'une marche ferme et persévérante, on reconnaît beaucoup moins ardue et d'un passage vraisemblablement heureux. Ayant entrepris sous de tels auspices ce grand voyage trop redouté et cependant si agréable à réaliser, pour qui médite et attend avec impatience le souffle du zéphir, M. Moizin gagna à pas rapides, l'abri promis au courage. Dans ce long trajet, si diversement semé de fleurs au suave parfum et de rocs épineux, cet homme de bien s'attacha sans cesse à veiller à la conservation des qualités salutaires que son Juge le plus redoutable avait mises en lui, et que quelques heures d'oubli, quelques malheureux instants de faiblesse, trop souvent, hélas ! chez les individus doués des meilleures dispositions, ont suffi, sinon à renverser à néant, au moins à ébranler jusqu'à la racine si bien établie dans le sol, pour s'y propager avec fruit sous la direction de la main de Dieu, souverain dispensateur de la fécondité de l'esprit et des forces nécessaires à l'homme pour cultiver cette partie notable de lui-même. Fragilité et impuissance de l'humanité qu'on ne saurait trop combattre!.. Chaque jour, M. Moizin donnait un nouveau coup de bêche dans le vaste champ de la science : aussi sa noble conduite prouva, dès cette époque même où l'âge appelle tous les jeunes gens aux plaisirs et à la distraction, que l'aspirant en médecine ne serait point un Docteur vulgaire, que non seulement il saurait comprendre toute l'étendue de ses importants devoirs, mais aussi qu'il les accomplirait avec dignité et conscience. Cette jeunesse ainsi consacrée au profit de son instruction, avec l'aide de la Providence et de sages conseils, ne fit que prospérer de plus en plus. La Science elle-même, satisfaite de ce témoignage affectueux et si conforme aux desseins qu'elle se propose sur l'esprit intellectuel, encouragea chez ce fervent disciple de sa doctrine, les constants efforts dont il donnait des preuves évidentes, écartant soigneusement *de la face* de son protégé les illusions mensongères et les rêves séducteurs, et affermissant de plus en plus son cœur dans la méditation ainsi que dans la pratique des bonnes œuvres.

Ce fut de la sorte que le cachet de l'honnêteté pût graver fixément son empreinte chez notre Bienfaiteur, et s'y établit d'une manière irrévocable. La probité de M. Moizin bientôt passa en proverbe parmi ses camarades qui admirèrent avec une sorte de crainte mêlée de respect, la présence manifeste de ce don précieux chez un de leurs compagnons des plus affectionnés. Cette marche constante du jeune homme dans la droite voie était alliée à une énergie non moins admirable. Nulle part, dans aucune réunion, le respect humain n'eut d'accès sur cette belle âme trop magnanime pour permettre que son libre arbitre fût comprimé par les sauvages étreintes d'un aussi noir despotisme.

La mémoire que M. le Docteur MOIZIN garda de l'École de Paris jusqu'à la fin de ses jours, est entièrement à son éloge. Dans ses dernières années, lorsque quelques personnes intimes conversait avec lui sur ces premiers pas dans la carrière qu'il avait parcourue avec de si nobles scrupules, il était, durant tout l'entretien, sous l'impression d'un sensible enthousiasme qui s'exaltait en douces pensées noblement exprimées. De pareils colloques constituaient à son sens raisonnable, l'un des plus beaux ornements de sa retraite. Il les aimait et les recherchait par goût et avec plaisir.

Depuis son admission à la mémorable école des Dessault, des Bichat et de ces autres illustres noms qui feront toujours la gloire d'une des plus brillantes époques des annales médicales, M. MOIZIN s'était appliqué avec non moins d'éclat que de travail, à l'étude de l'art favori, objet de sa prédilection. On remarque dans le bulletin officiel du 8 août 1803, qui porte la réception de divers candidats au doctorat en médecine, entr'autres celle du jeune MOIZIN (Claude-Joseph), par le jury d'examen, une note particulière à celui-ci et dans laquelle les membres inspecteurs se plaisent comme à l'envi, à rendre justice à ses qualités scientifiques et morales. Ses savants professeurs eux-mêmes sur qui rejaillissait une belle partie de la gloire de leur digne élève, se félicitèrent mutuellement du résultat de leurs soins. (*) Le temps que M. Moizin demeura encore à Paris fut utilement dépensé à accroître ses notions intellectuelles, déjà profondes, lesquelles s'harmonisaient si parfaitement avec le dévouement et les autres qualités précieuses de son âme.

L'année suivante (**) le jeune Docteur entra au service des établissements hospitaliers des 16e et 24e divisions militaires, en qualité de Chirurgien de troisième classe. Là, son zèle fut au-dessus de ses forces. Sa santé, après peu de mois, éprouva de rudes atteintes par suite de veilles et de fatigues trop continuelles. Heureusement des soins empressés empêchèrent le mal d'augmenter. Au bout de quelques jours, ses amis furent rassurés. A peine convalescent, M. Moizin reprend le service avec l'excès de cette ardeur qui le suivra partout dans les hôpitaux comme aux champs de bataille. Il manque une nouvelle fois de tomber victime de son laborieux courage à l'armée des Côtes où il venait d'être récemment appelé par une décision du gouvernement. M. Moizin resta attaché à ce brillant corps une partie des années XII et XIII (1804 et 1805). Ce fut auprès de ces bandes valeureuses que le vertueux jeune homme montra combien il savait comprendre la tâche cumulée de Chirurgien et de Médecin des armées,

---

(*) M. Moizin nous montra un jour, minutieusement conservées, quelques-unes des précieuses reliques, toutes tribut d'une affection sincère, qu'il avait reçues à l'École de Paris, de ses supérieurs et de plusieurs de ses émules, honnêtes condisciples, comme Rampont.

(**) L'état des services et campagnes de M. Moizin donne cette date : 11 vendémiaire an XII.

et mesurer toute la portée du double devoir de l'Officier de santé, en présence du péril et des besoins. (*) Là également, le Docteur Moizin pût saisir la valeur entière des devoirs de l'homme humain. Les 80,000 guerriers que Napoléon-le-Grand avait échelonnés le long des côtes de la Manche, constituaient aux yeux du Héros des temps modernes, l'avenir de la France et toute l'illustration de sa vaillante épée. C'est pourquoi le célèbre Empereur ne négligeait rien pour entretenir et stimuler l'enthousiasme de ces vaillantes troupes, débris des vieux bataillons républicains, qui avaient déjà porté si loin la gloire du Nom Français et qui devaient encore être la source-mère, le premier rayon du grand foyer, la branche du tronc de ces phalanges formidables connues en masse sous la dénomination immortelle de la *Grande-Armée* et dont

---

(*) M. le Docteur Laveran, Médecin principal de l'hôpital militaire de Metz, attaché à notre Cité reconnaissante par plusieurs titres glorieux et consciencieusement acquis, parlant, sur la tombe de son ancien chef, au nom du corps de Médecine militaire en activité, en juste appréciateur d'un homme tel que M. Moizin, a exprimé avec dignité et gratitude les luttes respectueuses et honorables du jeune Médecin au début de sa carrière, contre l'obstination de l'autorité, se refusant opiniâtrement à reconnaître l'insalubrité des lieux où campaient les troupes, dont l'infatigable Docteur Moizin, fraternellement aidé de plusieurs de ses supérieurs et de quelques amis, anciens élèves de l'École centrale de santé, soignait, aux propres risques de sa frêle existence, les membres blessés ou atteints de la contagion qui faisait alors des ravages d'autant plus grands que les locaux étaient malsains et étroits; vérité qui ne fut acceptée pour telle qu'après d'épouvantables calamités.

Que M. Laveran daigne agréer les sentiments de la gratitude de la population messine, en retour de l'accomplissement de ce noble devoir, et aussi du généreux appui qu'il prête continuellement aux infirmes et à la classe des indigents de la Moselle. Notre souvenir le suivra en quelque poste plus éminent que le gouvernement puisse l'élever en considération de ses services.

la Providence avait marqué le passage à travers les premières capitales du monde antique. Affection, dévouement, tête et âme dis-je, tout était soldat dans ce Roi des Rois... Néanmoins, malgré ces efforts et ces ménagements du Chef redouté des Césars eux-mêmes, envers ses troupes chéries, les lassitudes excessives que la plupart des régiments avaient presque continuellement essuyées, et plus encore les fiévres intermitentes, triste conséquence d'un sol humide et insalubre, décimèrent ces braves défenseurs forcément mal abrités, il y eut en quelques semaines une multitude de malades qui exigèrent des soins multipliés et incessants des Médecins et du corps leur assesseur, non peut-être encore apprécié comme il mérite de l'être, je veux parler de nos infirmiers militaires, partout si utiles et si dévoués, lorsqu'ils ont à leur tête des guides désintéressés, humains et organisateurs intelligents du service. Habitués à une vie toute d'activité et d'abnégation, M. Moizin se distingua au poste du camp qui lui avait été assigné, par un zéle magnanime et croissant avec l'urgence des besoins. Il s'acquitta de ses fonctions en Médecin dévoué et courageux. Levé avant le jour, il ne connut d'autre intérêt que celui des malades, oubliant le sien propre. Dans ses visites aux ambulances, il ne pouvait s'arrêter à chaque malade confié à ses soins généreux; mais nul ne lui échappait. Au sortir de chacune de ses tournées, il se faisait rendre un compte à part, autant que possible, de ceux dont l'état fiévreux, suite de l'atteinte du fléau contagieux, présentaient quelques développements graves; s'il y avait extrême utilité, il visitait ces derniers à de plus fréquentes reprises, prenait sur son repos déjà fort restreint, pour les interroger et les examiner plus attentivement. Plus d'une fois on le vit administrer lui-même, à des cadavres hideux ayant à peine forme humaine, les remèdes ; derniers efforts de la science aux prises avec ce spectre ayant nom de *Mort*. Dans son service, le Docteur MOIZIN se montrait d'ordinaire silencieux et grave ; si quelques questions par lui d'abord adressées ne le satisfaisait pas ou laissaient quelque doute dans son esprit sur la situation d'un invalide confié à ses soins, il poursuivait avec douceur ses investigations pour mieux s'éclairer. (*)

Nous regrettons de ne pouvoir entrer ici dans de plus longs détails et citer des exemples de cette intelligence supérieure, de cette présence d'esprit et de ce regard étonnants qui, à côté d'un dévouement rare et non moins précieux, rendaient M. MOIZIN si empressé auprès des malades, et le portaient, appuyé sur leur chevet, à chercher seulement à percer les moyens de sauver les moribonds et à guérir radicalement les autres. Le cadre de cet opuscule et l'exigence de nos études spéciales, ne nous laissent point le champ libre et mettent obstacle à ce que nous racontions, même brièvement, dans le cours de notre marche célère, les actes sublimes qui valurent à leur auteur, dès l'âge de vingt-cinq ans à peine, la confiance et la gratitude

---

(*) A l'hôpital militaire de Metz, longues années après les faits que nous rapportons, M. MOIZIN donna des preuves renouvelées de ce calme si parfait, qu'encore bien que *la gent malade soit éminemment menteuse*, suivant la pensée du fameux Chirurgien Dupuytren, et doive par fois exciter l'impatience des ministres du corps, on ne vit pas même notre ami s'aigrir devant ces quelques honteux sujets alités, s'obstinant à cacher la vérité et à vouloir tenir secrète la cause du mal qui les minait lentement.

unanimes des braves de nos armées. Nous abandonnons cette belle mission d'apprécier plus dignement que nous ne pourrions nous-mêmes le faire d'ailleurs, les services que M. le Docteur Moizin a rendus à la science et à la société, aux éloquents interprètes des sociétés savantes auxquelles notre ami eut l'honneur d'appartenir. Les Biographes rappelleront ce que fut le grand Médecin, le grand philanthrope éclairé et charitable, aux diverses époques de sa vie toute entière passée au service et au salut de ses semblables!.. Qu'on nous excuse ces redites; mais notre cœur souffre de ne pouvoir étaler plus manifestement et d'une manière plus initiée, ces bienfaits publics et ces titres mentionnés dans plusieurs ordres du jour, à la reconnaissance de l'Armée impériale, qui prédirent aux citoyens des villes, pour le jour où le chef militaire se reposerait des fatigues du camp de Mars, l'heureuse venue parmi eux d'un Médecin-professeur capable et chrétien.

Qualités dernières pleines d'une souveraine magnificence, qui élèvent d'autant plus le simple récit que nous avons commencé, et conseillent notre pensée si faible en expression, et cependant si profondément sentie au-dedans de nous, amis du cher et honorable Docteur qui a gagné la céleste patrie, sauvé par la foi du Christ. Grâces soient rendues au Ciel, si au milieu de tous les honneurs publiquement décernés à la mémoire du savant Médecin, nous avons droit à quelque nouvelle estime, à cause de la narration des vertus obscures que cet homme vertueux aimait à pratiquer avec tant de candeur, et dont il se faisait gloire avec simplicité, vertus que l'humilité dérobe

au monde, mais qui, auprés du tròne du souverain Juge,
font seuls bon poids dans la balance de la justice !

Le Docteur MOIZIN avait possédé de bonne heure,
cette grave démarche, cet air pensif, ce maintien plein
de dignité et cet accent persuasif, dons difficiles à réunir,
qui lui attirèrent, par la suite, toús les cœurs de notre
populeuse cité. Aussi son nom fût-il béni en tous lieux.
A l'armée principalement, il n'était jamais prononcé
qu'avec la plus grande vénération. Tribut légitime accordé
à de nobles vertus, et le plus propre à encourager à per-
sévérer dans le bien !

La première apparition de M. MOIZIN sur ces champs
de douleurs où des corps des armées ennemies en viennent
aux mains pour une cause plus ou moins juste et qu'il n'est
point lieu de juger en ces lignes, fut marquée par quelques traits d'un dévouement rare. Il eut le bonheur de
sauver plusieurs malheureux qui allaient être massacrés
et de tirer des flots un officier qui se noyait sous ses yeux.
C'était prés de la mer. Plus heureux et mieux apprécié
sur la terre d'Allemagne qu'en 1804, au camp de l'armée
du Nord, M. MOIZIN put introduire dans le service des
ambulances formées à la hâte dans un pays conquis ou
sur un sol passager, différentes améliorations qui con-
tribuèrent puissamment à préserver des régiments entiers,
de ces maux considérés jusqu'à cette époque comme
inévitables à la suite de longs combats et du manque
de vivres et d'eau potable. Des approvisionnements ré-
guliers furent ordonnés sur la proposition des Membres
supérieurs du service de santé, auxquels M. MOIZIN avait
soumis son projet qui servit de base même à celui ré-

digé par la Commission. Le nom du Docteur Moizin fut cité, et un prix de dévouement lui fut solennellement décerné. Trois cents louis lui furent en outre remis à titre de gratification, pour l'aider dans de nouvelles explorations. M. Moizin employa la plus forte partie de cet argent à secourir de pauvres soldats et à soulager de malheureures victimes de la guerre.

Dés-lors, la longue persévérance et les travaux du jeune Docteur commencèrent à être couronnés d'un plein succès. Sa conduite exemplaire et soumise vint à bout de l'opiniâtreté et des rudesses de quelques trop scrupuleux serviteurs de l'ancienne médecine, jaloux du mérite précoce de quelques disciples des célébrités actuelles de l'art, et peu disposés à suivre la voie tracée par les maîtres de l'époque. Disons aussi que M. Moizin sut en toute circonstance, régler à la fois d'une manière conciliatrice, et son zéle humanitaire et l'obéissance passive que tout subordonné doit à ses supérieurs.

A son départ de l'armée du Nord et de la Flandre, le Docteur Moizin avait emporté les regrets du soldat et la considération de ses premiers chefs. Les nombreuses compagnies campées le long des terres de Bruges, avaient été surtout témoins du patriotisme du jeune officier de santé, qu'elles eurent plus d'une fois l'occasion d'admirer. M. Moizin s'éloigna de ces courageux compagnons, pour suivre une vaillante armée appelée dans des pays plus reculés et moins connus. C'est sur les rives du Danube que le zéle, l'activité et le dévouement du généreux jeune homme vont prendre leur nouvelle résidence et donner le spectacle de nouvelles preuves de cette

abnégation si continuelle de sa propre personne, désintéressement qui forme la marque essentiellement distintive
du Médecin militaire et qui grandit avec le danger. Attaché à la grande expédition qui, marchant de victoire
en victoire, se dirige à pas précipités vers le soleil ra-
dieux d'Austerlitz, M. Moizin arrive avec elle dans les
plaines de ce nom à jamais illustre dans les fastes des
nations. Les armées ennemies, composées des meilleures
troupes des trois Empereurs, sont en présence. L'action
s'engage en peu d'instants sur toute la ligne. Le Docteur
Moizin ne peut considérer cette dévastation générale,
sans souffrir. Pour la première fois, son courage faiblit
et son sang-froid habituel ne peut vaincre sa sensibilité.
Il craint de manquer au devoir et à l'honneur.... Cette
âme auguste n'avait encore assisté jusqu'à ce grand moment, qu'à des combats où à des escarmouches peu
meurtriers; son riche dévouement avait été plus particulièrement exploité par les périls obscurs de l'hôpital
et le service épidémique de la Flandre et des Pays-Bas.
C'était donc pour ce cœur généreux et sympathique, un
spectacle déchirant d'avoir, exposé sous ses yeux pendant
des heures successives, ce vaste théâtre où des milliers
de combattants s'entremêlent, tombent en grand nombre
sur le sol, mortellement frappés par un plomb ou un
fer homicide, et gisent entassés au centre de la mêlée
sanglante, privés du moindre des secours. Scène crimi-
nelle où encore parfois la nature en furie semble prendre
plaisir à se bouleverser soudainement pour mieux anéan-
tir ce qui a été créé et ce qu'elle a reçu mission de
nourrir et de faire croître! Emu péniblement par la ca-

nonnade et par le choc épouvantable de plus de deux
cent mille hommes, qui retentissaient de tous les points
jusqu'aux ambulances, et plus encore, par l'arrivée des
malheureux blessés qu'on transportait à bras ou sur des
fusils croisés, ou sur des branches d'arbres liées ensemble,
à défaut de fourgons et de brancards, M. Moizin ne put
maîtriser sa douleur et ses angoisses que par des efforts
surnaturels à son tempérament. Dans cette douloureuse
circonstance, le devoir demeura cependant victorieux.
Fort d'une mâle énergie et voué tout entier au service
des blessés, la matinée du lendemain qui suivit la mémorable bataille d'Austerlitz, le retrouva donnant ses
soins indistinctement à ses compatriotes et aux blessés
étrangers, ne songeant nullement à lui-même. (*) Cette
sublimité de dévouement eut sa récompense. Le Général
commandant la brigade à laquelle était attaché M. Moizin,
lui adressa, en cette occasion, des marques de sa gratitude particulière. (**)

Si le plan qui nous a été tracé avait été de suivre
M. le Docteur Moizin, à travers ses campagnes, ses tra-

(*) Ce bel acte nous a été attesté par un affectionné ami de M. Moizin,
alors Chirurgien-aide-major à l'héroïque 14e régiment de ligne dont un bataillon fut si fort endommagé pendant l'action, malgré de valeureux efforts,
et fut culbuté par la garde impériale russe, laquelle, quelques heures après,
tombait presque complètement écrasée sous les coups des invincibles de
cette bande qui, plus tard, à la débâcle de Waterloo jetait elle-même ce cri
magnanime à l'ennemi étonné : « *la Garde meurt ; mais ne se rend pas.* »

(**) Au nombre des Officiers supérieurs de l'armée autrichienne, blessés,
faits prisonniers à Austerlitz, et que M. Moizin pansa en personne, se trouva
un Colonel familier de la cour de Vienne. Rendu à la liberté, cet étranger
reconnaissant, exprima ses remercîments au généreux Docteur par l'envoi,
au nom de son Prince, d'une magnifique tabatière sur laquelle était gravé
le portrait de l'Empereur François II. — Ce précieux souvenir fut enlevé
à M. Moizin, en Espagne.

vaux et ses toujours belles actions, nous aurions à parler
de beaucoup d'autres traits bien touchants aussi, tous re-
cueillis de la bouche d'hommes vénérables, frères d'arme
de notre bon et cher ami, et se plaisant comme lui à
couronner leur retraite en faisant le bien. Combien de
glorieux noms nous pourrions avancer, qui lui ont dû
bien plus qu'une aide passagère. Combien de braves enlevés par lui à une mort certaine, ou qui ont reçu ses
soins sur le champ de bataille. Qu'il nous suffise de
dire simplement que veilles, privations quelconques,
périls, fatigues, rien enfin ne semblait coûter à ce
médecin par excellence. Il bravait tous périls et tous risques personnels pour prodiguer ses soins aux malheureux opérés surtout, souvent délaissés, sans secours, par
de cruelles nécessités après l'amputation d'un membre.
Nous avons suivi M. Moizin comme médecin et chirurgien attaché spécialement aux établissements hospitaliers;
nous l'avons montré aussi se préparant à étudier les
connaissances les plus approfondies du service de salubrité par de nouvelles recherches : nous le retrouverons
encore sublime comme par le passé, et toujours sous le
guide des préoccupations de son cœur, poussant l'abné-

(*) Nous prenons les lignes suivantes à un passage du discours d'une
des illustrations les plus consciencieuses de la médecine actuelle dont Metz
s'honore, et l'un des successeurs de M. Moizin au siége de président de la
Société des sciences médicales de la Moselle, à la fondation de laquelle le
philanthrope enfant de l'Ain a puissamment contribué : « C'est entraîné
« par ce zèle exemplaire qui portait M. le Docteur M. Moizin (a dit l'esti-
« mable confrère) à se sacrifier pour tous ceux auxquels il pouvait être utile,
« qu'à Preussich-Eylau il traverse pour aller à la recherche d'un commandant
« de son régiment, toute la ligne des sentinelles russes, ne reconnaissant
« son erreur qu'au milieu d'un poste avancé de l'ennemi, auquel il n'échappa

gation de lui-même jusqu'à la témérité, (*) dans les plus hautes fonctions que la confiance de gouvernements successifs l'appelleront par la suite à gérer. Rigoureux observateur de son devoir, il ne se contentera pas d'accomplir seulement toutes les règles qu'il prescrit, il fera plus encore, il volera au secours de tous ceux qu'il supposera avoir besoin de lui. La même intention l'accompagnera au tumulte des combats et dans le morne silence des hôpitaux. Sous le feu meurtrier, il prouvera solennellement combien est sainte cette vocation qui exige de l'homme tant de précieuses qualités réunies, et qu'avant tout, pour y satistisfaire, aucun trait de dévouement, nul sacrifice ne saurait coûter. Sous la voûte de ces bâtiments qu'habitent les maladies, il étendra la réalité de cet axiôme, soutien de l'humble et consciencieux Médecin qui consacre sa vie au service des hôpitaux: « La mort de l'hôpital n'est pas moins glorieuse que celle du champ de bataille. »

Aussi quand les meurtrières épidémies qui causent mille fois plus de désastres que le fer et le feu de l'ennemi, vinrent attaquer nos malheureuses armées, M. Moizin donna, dans le nouvel appel fait à son dévouement, des preuves sublimes de sa sagacité. Au milieu de la désolation universelle qui s'emparait de la plupart des esprits, ce doc-

---

« qu'après bien des périls pour rentrer dans la nuit, exténué de faim et de
« fatigues, au bivouac qu'il avait quitté déjà dès la pointe du jour, pour
« panser les blessés des deux armées dans un village pris et repris plu-
« sieurs fois dans la même journée. C'était le 8 février 1807. »

Cet extrait, récit vérace, exprime avec une précision heureuse le dévouement du Docteur Moizin. Après encore cette nouvelle colonne d'appui, une foi incontestable n'est-elle pas acquise à nos propres narrations?

teur fit effort sur lui-même afin de rassurer les malades, en ne paraissant point extérieurement alarmé lui-même. A la vue de la foule des victimes que faisait la contagion à ses côtés, l'humanité du bon Médecin seule souffrait visiblement... Enfin ses soins généreux et ceux de ses collègues arrêtèrent les progrès du fléau. La maladie moins terrible, M. Moizin fut choisi pour inspecter différentes localités où la fièvre contagieuse avait sévi. Il s'acquitta de cette tâche importante et délicate avec succès: son rapport fut entendu dans tous les détails, au sein de la commission supérieure. La lecture officielle de ce compte rendu eut pour résultat de faire connaître mieux encore le Docteur Moizin, et de lui assurer l'estime publique. Plus tard, M. Moizin renouvela le même esprit de prévoyance et d'attention qu'il avait déployé à la grande armée, auprès de la garnison et des habitants de l'île de Kadzund qui, en reconnaissance de ses services, lui vouèrent à leur tour la reconnaissance la plus entière.

M. Moizin eut ensuite à combattre le terrible typhus qui décimait des populations entières, mal non moins terribles que les épidémies et les fièvres intermittentes dont il avait eu précédemment à arrêter les funestes effets. Habitué à se trouver en présence de pareils ennemis, le laborieux docteur étudia les symptômes et les progrès du mal qui terrifiait nos soldats. Scrupuleux dans son service, il ranimait ceux que la contagion avait frappés, s'approchait des planches à peine recouvertes de quelques mauvaises langes qui composaient le lit du plus grand nombre des hommes atteints, et relevait leur courage abattu par les témoignages de dévouement qu'il prodiguait et qu'il

réitéra aux différents postes qui lui furent tour à tour
assignés.

M. Moizin, dont le zèle et les capacités étaient enfin dignement appréciés, quoiqu'attaché à un corps dans lequel l'avancement était moins rapide à cause de préven-
tions non justifiées (*), avait quitté, dès le 7 pluviôse an
XII, le grade de chirurgien de 3ᵉ classe, au service des
établissements hospitaliers, pour passer en la même qualité
au 61ᵉ d'infanterie de ligne, auquel l'euleva le 22 octobre
1806 son généreux dévouement à Iéna, envers les soldats
du deuxième bataillon de ce régiment, pour l'élever au titre
de chirurgien-aide-major du 94ᵉ de la même arme.
Son activité, son zèle, fidèles compagnons, le suivaient
partout. M. Moizin se portait en tous lieux où il y
avait des dangers, des fatigues à surmonter, des obstacles
à renverser. Les difficultés loin de le retenir ou d'apporter chez lui du découragement, l'excitèrent d'avantage.
Ardente avec patience, nous l'avons dit dans un moment
solennel (**), sa vigilance allait jusqu'à vouloir triom-
pher de l'impossible. Il animait tout de la voix, du
geste, des conseils et, pardessus toute qualité, de l'exemple

----

(*) L'empereur lui-même avait une estime toute particulière pour le corps
des officiers de santé ; mais la crainte que les honneurs et la décoration ne
portassent atteinte à leur dévouement et à leur service d'une si grande utilité,
arrêta plus d'une fois l'avancement demandé d'un médecin et d'un chirurgien militaires. Les mémoires du temps nous apprennent que Napoléon
ne revint de cette sorte de préjugé que pendant l'héroïque, mais lamentable
campagne de Russie, où il fut témoin d'actions sublimes d'abnégation pour
le soldat de la part des principaux de ces membres dévoués et indispensables
de la société humaine. En contemplation devant ce zèle connu qui, loin de subir
aucun découragement, s'accroît d'autant plus que les difficultés sont opi-
niâtres, le héros qui appréciait si bien les services rendus à ses compagnons
d'armes, s'empressa de réparer l'exagération de sa première pensée.

(**) Sur l'urne funèbre de notre vertueux ami.

qu'il donnait; le premier dans les travaux, dans les dangers, ceux qu'il avait sous ses ordres, acquéraient une vigueur, une force dont ils s'étonnaient eux-mêmes. C'est que son jugement, puissant et infatigable organisateur, pourvoyait à tout : rien aussi ne lui échappait.

Médecin ordinaire de la grande armée le 15 mars 1807, M. Moizin, se rendit le 18 décembre 1808, à l'armée d'Espagne où il demeura pendant les années 1809, 1810, 1811, 1812 et une partie de l'année 1813. Dans la péninsule de même que sur le continent, en Prusse, dans l'Allemagne méridionale et en Autriche, il fut précieux à ses chefs qui rendirent directement compte au général en chef de l'expédition et au ministre de la guerre, de sa conduite et de ses services, dans les termes les plus flatteurs. L'un même d'entre eux accompagne ses notes d'une mention particulière dans laquelle il recommande le jeune médecin ordinaire à l'Autorité supérieure compétente; laissant voir qu'il a deviné le génie du favori légitime; et de quelle utilité il sera un jour de l'avenir, pour le corps entier des officiers de santé. Cette prédiction facile à prévoir pour l'œil de la perspicacité, parvint à une réalisation complète. Nous en avons déjà expliqué les prodigieux effets; il ne nous reste plus qu'à présenter un aperçu, pour ainsi dire par ordre chronologique, des titres et des récompenses, superbes honneurs que ses actes avaient toujours auparavant justifié, dont la nation le revêtit, et qu'il eut la gloire d'acquérir rapidement sans sollicitation, malgré les secousses violentes, suites ordinaires des révolutions qui s'accomplissent dans notre France depuis plus d'un demi-siècle.

Pendant plus de trois ans, à partir du 1er novembre 1810, M. Moizin servit comme Médecin principal provisoire à l'armée d'Espagne. Au commencement de 1813 il en fut détaché pour venir à Bayonne faire partie du comité de visite établi en cette ville.

Le 22 juin 1814, il reprit rang parmi les médecins ordinaires, mais avec une sorte d'avancement, puisqu'il demeura en cette qualité à l'hôpital militaire de Bayonne. Neuf mois environ après, il reçut du gouvernement sa commission de médecin principal au 8e corps d'armée. Avant de s'éloigner de Bayonne, (*) M. Moizin reçut les adieux touchants des principales autorités et du conseil municipal du chef-lieu qui avaient été témoins de son rare mérite et de sa haute intelligence. Les troupes rentrées dans leurs foyers, M. Moizin, fut de retour à Bayonne, quatre mois après son départ de cette ville où il resta jusqu'au moment où les circonstances permettant de rétablir les hôpitaux d'instruction, il fut choisi comme médecin adjoint aux professeurs à l'hôpital de Metz, (14 février 1816).

A peine arrivé parmi notre population où sa réputation vertueuse l'avait précédé, le Docteur Moizin s'attira l'estime de tous les cœurs par la réunion si rare de toutes les qualités qui font le médecin, le véritable ami. Chefs, collègues, élèves, serviteurs de toutes classes, vieillards indigents, pauvres honteux, apprécièrent sa science profonde, sa pratique éclairée, son aménité constante et sa

---

(*) Auparavant, M. Moizin avait été nommé médecin ordinaire à l'hôpital militaire de Huningue, mais retenu à Bayonne, il ne se rendit pas à cette destination.

bienveillance affable et indulgente. D'un commerce facile et accessible à tous , comme un nouveau Titus, il n'était heureux à la fin de sa journée, que quand elle avait été couronnée par des œuvres justes et multipliées. Son crédit et son appui étaient à la discrétion de qui en avait besoin, souvent même de qui voulait en user. Il s'acquitta constamment de ses importantes fonctions avec talent, modestie, générosité, et surtout avec égard pour ses confrères. A côté de ces devoirs militaires qu'il remplissait si dignement, la confiance dont notre ville l'honora à juste titre, lui en créait encore de nombreux, non moins exigeants : aussi comprenait-on difficilement que son zèle put suffire aux soins multipliés qu'il prodiguait et que réclamait de lui-même le crédit universel dont il était entouré.

Médecin ordinaire, deuxième professeur à l'hôpital de Metz, le 31 janvier 1825, six ans s'étaient à peine écoulés depuis la réception du brevet de ce grade, lorsqu'il fut appelé à remplir successivement celui de médecin ordinaire, — premier professeur, et de médecin principal, — premier professeur au même établissement (13 octobre 1831 et 27 juillet 1835).

Par décret du Roi en date du 25 mai 1838 , M. Moizin fut nommé officier de la Légion-d'Honneur, pour ses nombreux et brillants services. Il était chevalier de cet ordre depuis le 7 avril 1814.

M. le Docteur Moizin , doux et patient , aimait les élèves dont il avait la direction et en était aimé. Il resserrait à chaque occasion , par une discipline équitable et paternelle, les liens de l'étroite solidarité qui doit régner entre eux et leurs supérieurs. Aussi tous ces jeunes esprits témoignaient-ils leurs sentiments de vive reconnaissance à celui qui, animé d'une indulgente intention, leur ouvrait les voies de l'avenir et consacrait volontiers à leur instruction, ses travaux et ses veilles. Sans doute, c'est le devoir du bon médecin, de l'excellent professeur d'agir avec complaisance et douce sévérité; mais M. Moizin porta cette obligation au plus haut degré de perfectionnement.

Les vertus morales et les qualités scientifiques de ce grand médecin ont aidé puissamment à la consolidation de nombreuses associations philanthropiques et charitables (*).

Elles ont été non moins importantes aux sociétés savantes et utiles que possède notre ville et à la ligne politique que la prudence lui prescrit de suivre pour être heureuse. Je n'entrerai pas dans la relation historique des services importants de salubrité et autres d'hygiène publique que M. Moizin rendit à Metz. En échange, notre cité, qui n'avait pas droit de revendiquer dès son berceau, la possession de cet homme de bien, s'est montrée fière de se l'attacher, peu d'années après son entrée dans nos murs, en décernant à ce caractère d'élite, les deux plus glorieux titres qu'un médecin étranger puisse s'estimer fier d'acquérir, *ceux de citoyen de Metz et de médecin des pauvres.*

Telle était la considération dont M. Moizin jouissait à Metz quand le 7 janvier 1839, il fut nommé Médecin-Inspecteur au choix du Roi, à Paris, en remplacement du célèbre Broussais qui venait de décéder. A cette occasion le duc d'Orléans, fils aîné du chef de l'État, qui

____

(*) Ce fut M. Moizin qui fixa par un réglement particulier, l'établissement des consultations gratuites presqu'inconnu avant lui.

avait des rapports de correspondance avec M. le Docteur Moizin, écrivit à l'honorable médecin une lettre des plus cordiales et dans laquelle il exprimait le bonheur que le Roi son père avait éprouvé lui-même de rendre justice à son mérite et à son savoir. « C'est en quelque sorte une » mesure réparatrice légitimement due à votre vertu persévérante et à vos longues études, mon cher et sensible Docteur » disait en terminant le prince à notre modeste ami (*).

Lorsque la nouvelle de cette nomination se fût répandue, la presse de Paris et du département, se rendit l'interprète de la joie publique. M. Moizin reçut les félicitations des magistrats et des autorités de Metz.

La classe indigente qui devait tant à M. Moizin, lui prouva combien elle sentait la perte qu'elle faisait, et combien aussi elle prenait elle-même sa part de l'enthousiasme universel en voyant les heureuses qualités qui le recommandaient à l'estime publique, recevoir une digne récompense. M. Moizin, messin de cœur, sans préjudice au sentiment patriotique qu'il professait pour son lieu natal, tint compte de cette précieuse marque de gratitude de sa patrie d'adoption ; aujourd'hui ses restes mortels reposent à quelques kilomètres de Metz. (**)

M. Moizin sans doute fut sensible à cet honneur qui l'appelait à remplacer une illustration de la science, dans l'une des plus importantes positions de la médecine mi-

---

(*) Ces sentiments d'intimité avec la famille royale s'accrurent considérablement quand la résidence de M. le Docteur Moizin fut à Paris, je dirai mieux à la cour.

(**) Dans le cimetière de Plappeville ou Platteville, à 4 kilom. de la ville, où étaient déjà inhumées les cendres de ses chers enfants.

litaire, mais la mort de son ami lui arracha des larmes, et arrivé à Paris, son premier soin fut de célébrer religieusement la mémoire du savant successeur de Desgenettes et de Coste.

Peu de temps après, M. MOIZIN réunit à son titre éminent de médecin-inspecteur, la charge de membre du conseil supérieur de santé près le ministère de l'intérieur. Là, il recueillit encore de sincères éloges et amassa des trophées nouveaux. Son esprit investigateur et studieux donna l'idée des inspections médicales régulières, dont il démontra le but excellent et qu'il remplit si dignement (*). Nous ne suivrons pas le laborieux médecin dans ses courses utiles à l'intérieur de la France et sur la terre d'Afrique. Une voix savante et habituée à exprimer ce qui est toujours bien et honnête, a plus de droit de retracer avec convenance les nobles pensées, l'oubli le plus entier d'elle-même de cette âme sublime de dévouement, dans la séance annuelle de la Société des sciences médicales, seule bien digne appréciatrice du talent modeste de l'un de ses membres les plus magnanimes (**).

Au retour de M. MOIZIN des provinces d'Alger et d'Oran, la croix de commandeur lui fut offerte. Malheureusement le zèle que cet homme généreux avait consacré à l'étude

----

(*) Les résultats marquants obtenus par M. MOIZIN sont consignés au long dans les publications médicales de l'époque: le ministère lui-même décida l'impression particulière du plus grand nombre des documents rapportés de ses inspections par ce médecin consciencieux.

(**) Le très-honorable M. Monard, président de cette œuvre utile, doit remplir ce pieux ministère. Ami de M. MOIZIN, ancien médecin militaire distingué, docteur civil modeste et bienfaisant, aucun membre du corps ne pouvait mieux redire ce que fut celui que nous regrettons.

sur les lieux, à l'étude des maladies qui affligent notre armée dans ces possessions récemment conquises, avait épuisé ses forces: l'enthousiasme l'avait soutenu sur la terre sèche et sous le ciel ardent de l'Algérie pendant la durée de ses investigations; mais revenu dans le midi, sa santé éprouva de profondes atteintes qui inspirèrent de graves inquiétudes, dont ne releva jamais radicalement M. Moizin (*). Après tant de campagnes et de fatigues, il n'en continue pas moins, quelques semaines d'un repos éphémère passées, à appliquer ses dernières forces au perfectionnement de la médecine militaire. Dans sa sollicitude pour le soldat, il voulut encore une fois, malgré son affaiblissement et son âge, inspecter les places de l'intérieur. Il demanda lui-même et obtint d'être chargé de visiter le service médical. Dans cette dernière visite, il fut l'objet d'une admiration universelle pour l'activité incomparable dont il fit preuve.

M. Moizin était l'un des plus zélés membres et partisants de la commission de la réorganisation de la médecine militaire, qui, entre autres décisions importantes', devait assurer l'émancipation du corps des officiers de santé, lorsque les événements politiques qui survinrent

---

(*) Dans le discours qu'il prononça le 11 août 1842, au nom du conseil de santé des armées, aux obsèques de M. le baron Larrey, chirurgien-inspecteur, ancien membre de l'Institut d'Egypte, M. Moizin laissa entrevoir combien l'expérience l'avait mûrement instruit des obligations exigeantes et pénibles de ses premières inspections où tout était à créer et qui furent dotées néanmoins de si grands résultats.

(**) M. Moizin, marié le 6 août 1822 à dame Marguerite-Adélaïde Grandjean, d'une famille de Nancy, aujourd'hui sa veuve, avait eu la douleur de survivre à tous les enfants nés de son mariage. Son cœur avait été surtout brisé par la perte d'un fils, mort à cet âge où les dispositions na-

soudainement, mirent obstacle à cette réalisation déjà depuis si longtemps attendue.

Séparé de ce qu'il avait de plus cher au monde, ses enfants tous enlevés à un âge tendre encore (**), éloigné du chef de l'État qu'il estimait par reconnaissance, à cause de la bienveillance du prince pour le corps de la médecine, affaibli par ses longues études de théorie et de pratique, M. Moizin se décida, après 43 années passées au service de la patrie, à demander sa retraite.

Se rappelant avec bonheur l'estime et la reconnaissance du peuple de Metz, il revint parmi nous, où son noble cœur souffrit de se voir condamné à ne plus prodiguer son zèle comme auparavant. Il suppléa à ce défaut de dévouement actif, par ses soins affectueux à veiller du lieu de sa retraite, au soulagement des pauvres familles de notre cité et à soutenir de son crédit les progrès et l'accroissement des utiles associations auxquelles il avait prêté durant vingt-deux années, son concours gratuit et vigilant. On

---

turelles favorisées de l'étude font concevoir la plus brillante espérance. Dépouillé du doux titre de père dont il comprenait si bien la mission, ce vertueux bienfaiteur de l'humanité ne méconnut point qu'à la source seule de la religion, il pourrait puiser une idée consolatrice à son chagrin et capable d'alléger le poids amer du malheur : aussi se porta-t-il plus que jamais franchement vers elle. En perdant son fils bien-aimé, il ne pouvait plus exister de bonheur que dans l'étude de la science et dans la pratique du bien pour cet illustre médecin qui eut été si heureux de laisser après lui un digne héritier qui non seulement eut fait le charme de sa vie, mais qui encore eut conservé l'éclat de son nom au corps qu'il avait si longtemps honoré.

M. Moizin se réfugia dans le sein de l'amitié : toute sa tendresse repose sur son épouse, non moins inconsolable, et les enfants de son frère. Il fút aussi le généreux protecteur des deux fils de son célèbre ami, le membre de l'Institut Léon Dufour.

se plaisait à honorer cet honnête vieillard dont les longs services et plus encore le fardeau des douleurs avaient légèrement courbé vers la terre le corps majestueux, sans oser incliner sa tête respectable ; on aimait à voir son regard toujours doué de cette assurance modeste qui sied si bien à la vertu, s'abaisser jusqu'à soi. Ses entretiens toujours moraux, pleins d'abondance et de confiance et semés de justes maximes, sainte communication du cœur, respiraient la douceur et portaient au bien. Dans son appartement de la villa du Ban-Saint-Martin près Metz, comme dans sa demeure de la ville, nous fûmes témoins secrets, nous qui avions le bonheur d'approcher familièrement cet homme de bien, de plusieurs de ses toujours belles actions accomplies dans l'isolement. Que de fois ceux qui firent appel à la générosité de cet être utile, s'en retournèrent consolés. Jamais l'ouvrier qui réclama ses soins n'avait à s'inquiéter du paiement des honoraires, ni du coût des médicaments.

C'est en faisant tant de bien, que M. le docteur Moizin a couronné sa glorieuse carrière. Homme juste, savant aussi modeste qu'habile dans l'exercice d'un art qu'il a honoré toute sa vie, l'esprit de charité relevait encore son mérite transcendant. Si les sciences et les amis de l'ordre ont perdu en lui l'un de leurs membres les plus éclairés et de leurs représentants les plus fermes, les pauvres, les malheureux, le faible et l'infirme ont été privés d'un de leurs soutiens les plus constants, de leurs bienfaiteurs les plus généreux.

Pour louer un tel homme, il nous a suffi d'être juste et d'avoir dit toute la vérité. M. Moizin a été l'un de ces hommes auxquels la douleur publique fait cortége. Il brille désormais au-dessus de toutes ces nuées qui sont sur nos têtes, parmi les étoiles de la patrie.

Quarante ans d'épreuves, de dévouement à toutes les misères, d'un zèle que rien ne pouvait lasser, un cœur brûlant de ces vertus ennemies du bruit et de l'éclat, qui n'existent que pour rendre service à tous, soulager le malheur, donner d'utiles conseils; voilà les efforts heureux, les jouissances légitimes, les modestes triomphes qui ont rendu la mort de ce bienfaiteur de l'humanité à jamais regrettable pour notre ville. Sa place vide nous rappelle douloureusement le modèle que nous avons perdu; son souvenir sera toujours présent à notre pensée, en parcourant la marche qu'il nous a tracée au centre des œuvres utiles et bonnes qui font maintenant l'honneur de notre cité. Non, ce médecin charitable ne sera point remplacé dans le corps auquel il appartint, et qu'il sut illustrer; il demeurera le modèle de ses confrères comme de ses élèves qui le suivront comme ils l'imiteront, et qui, en l'honorant, s'honoreront eux-mêmes.

Philosophe chrétien, M. Moizin, a souffert avec courage et une pieuse résignation la douloureuse maladie qui a précédé sa fin, et il s'est éteint à l'âge de soixante-huit ans, laissant à ses nombreux amis désolés le souvenir d'une vie pure et constamment animée du plus entier dévouement au bien du pays.

Terminons. L'estime universelle dont fut entouré le vertueux citoyen que nous pleurons, raconte mieux que nous n'avons pu le faire, sa sollicitude pour les intérêts de la médecine et son respect pour une religion qu'il portait au fond du cœur; religion qui avait été le principe fécond de ses bonnes actions et de ses vertus. Trop heureux si cet humble hommage d'une voix qui s'essaie, ne semble pas indigne du grand médecin et du vrai chrétien. Le département de l'Ain lui doit un souvenir. Ce vœu se réalisera.

Après mon père, de respectueuse mémoire, qui servit également la médecine militaire, sinon avec une aussi éclatante célébrité que M. le docteur Moizin, du moins avec une capacité d'égal dévouement, il n'est pas d'homme que j'aie jamais plus honoré que celui dont je ressens amèrement aujourd'hui la perte!

Metz, Imp. de PALLEZ et ROUSSEAU, rue des Clercs, 15.